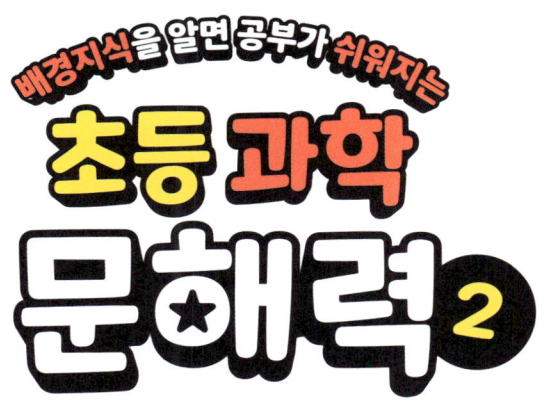

배경지식을 알면 공부가 쉬워지는 초등 과학 문해력 2

배경지식을 알면 공부가 쉬워지는
초등 과학 문해력 2

초판 1쇄 발행 2025년 6월 30일

지은이 김현경
그린이 박선하
펴낸이 이지은 **펴낸곳** 팜파스
기획편집 박선희
디자인 조성미
마케팅 김서희, 김민경
인쇄 케이피알커뮤니케이션

출판등록 2002년 12월 30일 제 10-2536호
주소 서울특별시 마포구 어울마당로5길 18 팜파스빌딩 2층
대표전화 02-335-3681 **팩스** 02-335-3743
홈페이지 www.pampasbook.com | blog.naver.com/pampasbook
이메일 pampasbook@naver.com

값 15,000원
ISBN 979-11-7026-712-6 (73400)

ⓒ 2025, 김현경

· 이 책에 소개한 낱말의 뜻풀이는 국립국어원의 표준국어대사전을 참고하였습니다.
· 이 책의 일부 내용을 인용하거나 발췌하려면 반드시 저작권자의 동의를 얻어야 합니다.
· 잘못된 책은 바꿔 드립니다.

배경지식을 알면 공부가 쉬워지는

초등 과학 문해력 2

김현경 글 | 박선하 그림

팜파스

어린이 친구들에게

"선생님, 과학마저 책으로 꼭 읽어야 돼요?"

과학 시간을 좋아하는 친구들이 참 많습니다. 아슬아슬한 실험 도구를 가지고 직접 실험을 해 본다는 게 참 근사하잖아요. 그런데 실험에서 얻은 결론이 무엇인지 물으면 생각보다 많은 친구들이 대답하기를 어려워해요. 머릿속으로 안다고 생각한 것과 말로 아는 것을 표현하는 것의 차이가 크거든요. 제대로 대답하기 위해서는 과학 개념을 정확하게 알아야 하는데, 대략적인 흐름만 기억하고 지나가기 쉬우니 말입니다. 그래서 내가 제대로 이해한 것이 맞는지 교과서나 과학책을 읽어 보며 주제에 맞는 과학 개념과 논리를 정리하는 시간이 꼭 필요하답니다. 특히 과학은 초등학생 때 배운 내용을 중학생, 고등학생 때 반복하며 더 깊고 뾰족하게 만들기 때문에 얼렁뚱땅 넘어가면 바로잡느라 고생하지요.

이 책은 친구들이 과학 시간에 배우는 여러 과학적 지식들을 연결합니다. 무심코 지나쳤던 당연한 사실들 속에서 공통되는 원리를 찾다 보면, 거창한 실험을 하지 않아도 세상이 움직이는 방식에 대해 탐구할 수 있어요. 옛날 과학자들도 질문에서 출발해 시행착오를 거치며 옳은 답을 찾아가곤 했답니다. 우리가 만들어 내는 잘못된 답들이 미래의 거름이 되는 셈이지요. 과학적 지식은 절대 변하지 않는 진리가 아니라 더 좋은 이론이 나오면 얼마든지 바뀔 수 있으니 낱낱의 사실을 외우는 것보다 그 탐구 과정을 따라가는 것이 훨씬 중요하답니다.

이 책을 읽을 때는 이야기책을 읽듯이 술술 읽는 대신 한 문장 한 문장 꼭꼭 씹

어 읽기를 권해요. 작은따옴표 속 어휘도 다시 보고, 한자로 무슨 뜻인지도 살펴보면서 과학적 개념들을 뚜렷하게 소화해 보세요. 바탕이 되는 이야기를 읽어 가면서 "그래서 이런 실험을 했구나?", "그래서 이런 현상이 보였구나."하며 "아하!"를 외쳤으면 좋겠습니다.

  한 번에 두 페이지씩 꼼꼼하게 읽은 뒤 두두와 민재의 만화 속에서 중요 개념을 그림으로 살펴보세요. 헷갈리는 핵심 개념들은 〈어휘 확장〉에서 한 번 더 뚜렷하게 정리합니다. 책을 한 페이지씩 넘길 때마다 뭉뚱그려 있던 생각들을 뾰족하게 갈고 닦는 겁니다. 민재에게 이야기 속 중요 낱말을 내가 이해한 대로 설명해 보세요. 교과서처럼 설명하지 않아도 괜찮습니다. 동생한테 설명하듯 내가 아는 것을 아낌없이 표현하는 겁니다. 〈진짜 읽기〉에서는 문제를 풀어 보며 올바르게 이해했는지 점검하고 한 줄로 글도 써 봅니다. 한 번에 빨리 많은 양을 읽는 것보다 천천히 소화시키면서 읽어 보면 좋겠습니다.

  외계인 친구 두두, 민재와 함께 과학 문해력을 쌓아 가며 실험도, 탐구 과정도 모두 재밌게 진짜 과학의 맛을 느껴 봅시다!

김현경

차례

어린이 친구들에게 • 4
등장인물 • 8

Part 01 에너지를 만들어요

배경지식을 쌓는 과학 이야기 01	햇빛은 무슨 색일까요? • 12
배경지식을 쌓는 과학 이야기 02	돋보기는 왜 크게 보일까요? 빛의 굴절 이야기 • 17
배경지식을 쌓는 과학 이야기 03	토끼와 거북이 이야기에서 더 빠른 이는 누굴까요? • 22
배경지식을 쌓는 과학 이야기 04	전구에 불을 켜는 힘은 어디에서 왔을까요? • 27
배경지식을 쌓는 과학 이야기 05	전기로 자석을 만들어요 • 32
배경지식을 쌓는 과학 이야기 06	열은 어떻게 이동할까요? • 37
더 깊은 배경지식이 궁금하다면?	**섭씨가 만든 섭씨온도, 화씨가 만든 화씨온도?** • 42

part 02 물질은 변화해요

배경지식을 쌓는 과학 이야기 07	개울가에서 금을 캔다고요? • 46
배경지식을 쌓는 과학 이야기 08	탄산음료 한 캔에 각설탕 6개가 녹아 있어요 • 51
배경지식을 쌓는 과학 이야기 09	물 때문에 콜레라에 걸린다고요? • 56
배경지식을 쌓는 과학 이야기 10	회에 레몬즙을 뿌리는 이유는 뭘까요? 산성과 염기성 • 61
배경지식을 쌓는 과학 이야기 11	최초의 불은 어떻게 발견했을까요? • 66
배경지식을 쌓는 과학 이야기 12	산불도 폭우도 지구 온난화 때문이라고요? • 71
더 깊은 배경지식이 궁금하다면?	**여름 꽃, 수국의 색이 다양한 이유는?** • 76

part 03 생물이 가진 각각의 기능을 살펴요

배경지식을 쌓는 과학 이야기 13 바른 자세는 불편해요. 꼭 해야 할까요? • 80

배경지식을 쌓는 과학 이야기 14 장염에 걸렸어요! 장염은 무슨 병이에요? • 85

배경지식을 쌓는 과학 이야기 15 운동을 하다가 하품이 나오는 이유는 뭘까요? • 90

배경지식을 쌓는 과학 이야기 16 소변 검사로 무엇을 알 수 있을까요? • 95

배경지식을 쌓는 과학 이야기 17 식물은 영양분을 어떻게 구할까요? • 100

배경지식을 쌓는 과학 이야기 18 머리를 때리면 정말 머리가 나빠질까요? • 105

더 깊은 배경지식이 궁금하다면? **어느 병원에 가야 할까요?** • 110

part 04 지구와 우주는 어떻게 움직이고 있을까요?

배경지식을 쌓는 과학 이야기 19 층층이 쌓이면 모두 지층인가요? • 114

배경지식을 쌓는 과학 이야기 20 화석은 어떻게 만들어졌을까요? • 119

배경지식을 쌓는 과학 이야기 21 미래 에너지의 해결책을 찾아보아요 • 124

배경지식을 쌓는 과학 이야기 22 "나 오늘 저기압이야"라는 말은 무슨 의미일까요? • 129

배경지식을 쌓는 과학 이야기 23 해가 지지 않는 나라가 있다고요? • 134

배경지식을 쌓는 과학 이야기 24 계절이 변하는 이유는 무엇일까요? • 139

더 깊은 배경지식이 궁금하다면? **코페르니쿠스적 전환이 무엇일까요?** • 144

정답지 • 146

등장인물

#^&8$별에서 지구로 불시착한 외계인. 보름달이 뜬 밤, 우연히 두두를 구해 준 민재네 집에서 체류 중. 행성 탐사 임무를 수행할 겸 돌아갈 우주선을 고칠 동안 지구를 알아보기로 한다. 그런데 알아보면 알아볼수록 두두가 살던 별과 비슷하면서도 또 다른 매력을 가진 지구의 모습에 반하게 된다! 지구의 매력 덕분에 두두의 탐사 능력이 빛을 발하는 중!

특징 먹을 것을 아주 좋아한다. 토끼처럼 두 귀가 길어 보이지만 실은 귀가 아니라 마음의 소리를 보내는 안테나다. 두두네 별에서는 말하지 않아도 이 안테나로 하고 싶은 말을 전할 수 있다. 하지만 안테나가 없는 지구인과는? 손을 잡아야 마음의 소리가 전달된다. 입이 없고 배 주머니가 있어 음식을 먹을 때 배가 꿀럭꿀럭 움직인다.

김민재

햇살 초등학교 5학년.

추석날 송편을 두둑이 먹고 달구경을 나왔다가 불시착한 두두를 발견했다. 지구를 탐사하고 싶다는 두두와 함께 세상이 움직이는 방식을 탐구하는 중! 자연과 생활 속에 담겨 있는 과학을 관찰하고 탐구하다 보니 어느새 배경지식이 탄탄히 쌓인 척척박사 초등생으로 거듭나고 있다!

민재 아빠

어쩌다 보니 두두와 민재에게 과학 공부를 알려 주게 되는데…

Part 01

우리는 생활을 편리하게 만들기 위해 여러 에너지를 사용합니다. 전구에 불을 켜고 방을 따뜻하게 데우는 에너지는 어디에서 왔을까요? 빛과 열, 전기와 자기, 속력 등 다양한 에너지의 성질에 대해 알아봅시다.

에너지를 만들어요

 배경지식을 쌓는 과학 이야기 01

햇빛은 무슨 색일까요?

햇빛은 무슨 색일까요? 어릴 적 해님을 그릴 때처럼 노란색일까요? 뜨거운 태양이니까 붉은색일까요? 오랜 옛날, 고대 철학자 아리스토텔레스는 빛이 흰색이라고 답했습니다. 빛은 아무것도 섞이지 않은 순수한 흰색이라고 생각한 것이지요. 빛이 흰색이라는 생각은 진리처럼 전해지며 오랫동안 믿어졌습니다.

이후 프랑스의 철학자이자 과학자인 데카르트는 유리를 깎아 만든 삼각기둥 모양의 프리즘에 햇빛을 통과시키면 햇빛이 무지개색으로 보이는 것을 발견합니다. 데카르트는 빛은 원래 흰색이지만, 프리즘이라는 특수한 소재가 무지개빛으로 보이게 만든다고 생각했어요.

그러던 중 과학자 뉴턴이 데카르트의 실험을 재현합니다. 어두운 방 안에 프리즘을 놓았습니다. 그리고 햇빛이 들어오도록 커튼에 작은 구멍을 낸 뒤, 프리즘에 빛을 통과시켰습니다. 그런 다음 프리즘을 통과한 무지개색 빛 중 하나를 다시 프리즘에 통과시켰어요. 뉴턴은 프리즘이라는 특별한 유리가 빛에 색을 만든다면, 프리즘을 통과한 무지개색 빛 중 한 가지 색에 프리즘을 다시 비춰도 무지개빛이 나와야 한다 생각했거든요.

하지만 실험 결과는 기존의 이론과 전혀 달랐습니다. 프리즘에서 나온 무지개색 빛 중 빨간색 빛만 프리즘에 다시 통과시키면 동일하게 빨간 빛이 나왔습니다. 다른 색도 마찬가지였습니다. 프리즘을 통과할 때 빛이 뻗어 나가는 각도는 색마다 조금씩 달랐지만, 들어간 색과 나온 색은 항상 같았어요. 뉴턴은 프리즘 때문에 햇빛이 무지개색으로 변한 것이 아니라, 원래 햇빛은 무지개색인데 프리즘을 통해 그 빛이 흩어져서 색이 드러난 것이라고 보았습니다. 이 현상을 '빛의 분산(分散. 나눌 분, 흩뜨릴 산)'이라고 합니다.

  뉴턴의 프리즘 실험은 햇빛이 흰색이라는 기존의 생각과 달리, 여러 색이 혼합되어 있다는 것을 보여 줍니다. 뉴턴은 프리즘을 통해 나온 빛을 동시에 다시 프리즘에 통과시키면 흰색 빛이 나오는 것도 실험으로 보여 주었어요. 물감은 혼합할수록 어두운 색이 되지만 빛은 여러 색을 혼합할수록 흰빛이 되었답니다. 수천 년 전 아리스토텔레스의 '빛은 흰색이다'라는 말이 아주 틀린 말은 아니었던 셈입니다.

  그런데 뉴턴의 프리즘 실험을 할 수 있으려면 한 가지 전제가 있어야 해요. 뉴턴은 어두운 방에 작은 구멍을 내어 햇빛이 한 줄기만 들어오도록 실험을 설계했습니다. 이 실험 설계에서 빛의 또 다른 성질을 알 수 있습니다. '빛은 직진한다'는 성질이지요. 작은 구멍을 통해 들어오는 빛은 프리즘을 만나기 전까지 직선으로 움직였습니다. 만일 빛이 곡선으로 움직인다면, 작은 구멍을 통과하자마자 빛이 퍼져서 실험처럼 선명한 한 줄기 빛을 볼 수 없었을 겁니다. 당연히 빛이 직진하며 프리즘에 부딪히는 모습도 관찰할 수 없었겠지요.

  빛이 직진한다는 사실은 물체의 그림자에서도 발견할 수 있습니다. 그림자는 빛이 직진하다가 물체에 가로막혔을 때 빛을 가린 물체의 형태를 따라서 생깁니다. 빛이 직진하지 않았다면 물체를 피해 움직이면 되니, 그림자의 모양은 지금처럼 뚜렷하지 않거나 아예 없을 수도 있어요. 여러 방향에서 동시에 빛을 비추면 그림자가 흐려지거나 그 경계가 선명하지 않은 것처럼요.

  빛은 굉장히 빠르게 움직이기 때문에 우리 눈에 움직임이 보이지 않고 밝음과 어둠이라는 현상으로 만나게 됩니다. 그래서 '빛이 직진한다'는 표현이 어색하게 느껴질 수도 있습니다. 하지만 손전등이나 가로등처럼 광원이 작을 때 빛이 직선으로 쭉 뻗는 모습을 떠올려 보세요. 빛이 직진하므로 빛과 물체가 만나는 각도에 따라 그림자의 길이가 달라지기도 한답니다.

어휘 확장

이 어휘를 통해 문해력이 더 깊어질 수 있어요!

- **진리** : 모두가 맞다고 인정하는, 변치 않는 사실이나 원리.
  ❗ 새로운 과학적 사실이 밝혀지면 진리도 변할 수 있답니다.
- **프리즘** : 빛의 분산을 보여 주는 투명한 입체 도형. 보통 밑면이 삼각형인 기둥 모양이다.
- **특수한** : 특별히 다른.
- **재현** : 두 재(再), 나타날 현(現). 한 번 나타났던 현상을 다시 나타나게 함.
- **이론** : 세상을 이해하기 위해 체계적으로 정리된 설명.
- **각도** : 각을 이루는 두 직선이 벌어진 정도.
  ❗ 햇빛이 프리즘에서 꺾이는 정도는 색마다 다릅니다.
- **빛의 분산** : 빛이 프리즘을 통과할 때 여러 가지 색으로 나뉘는 현상.
- **혼합** : 서로 다른 성질의 것을 뒤섞음.
  ❗ 가산 혼합 : 빛의 3원색(빨강, 초록, 파랑)은 섞을수록 빛이 더해지며 밝아집니다.
- **직진** : 곧을 직(直), 나아갈 진(進). 곧게 나아감.
- **전제** : 어떤 일을 이루기 전에 기초가 되는 것.
- **광원** : 빛을 내는 물체.
- **경계** : 사물이 구분되는 선. 글에서는 그림자의 바깥 테두리를 말한다.

근데 잠깐만!
'빛의 직진'이라는 말은 무슨 뜻이라고 했더라?

민재에게 이 과학 개념을 설명해 주세요.
민재야, **'빛의 직진'**은

글을 잘 읽고 이해했는지 확인해 봅시다.

문제를 풀며 글을 한 번 더 찬찬히 읽어 보세요!

1. 글을 읽고 데카르트와 뉴턴의 프리즘 실험에 대해 옳지 않은 설명을 고르세요.
   ① 데카르트는 프리즘을 통과한 햇빛이 무지개빛이라는 것을 알아냈다.
   ② 뉴턴의 실험에서 프리즘을 통과한 붉은색 빛은 무지개빛으로 보였다.
   ③ 뉴턴은 데카르트와 같은 실험을 했지만 추가 실험으로 다른 결론을 얻었다.
   ④ 데카르트는 프리즘이 햇빛의 색을 바꾼다고 생각했다.
   ⑤ 뉴턴은 햇빛은 원래 무지개색인데 합쳐져 흰색으로 보인다고 생각했다.

2. 다음은 그림자가 생기는 이유를 설명합니다. 빈칸에 공통으로 들어갈 빛의 성질을 채워보세요. (두 글자)

   그림자는 빛이 _____ 하기 때문에 생깁니다. 그림자는 빛이 _____ 하다가 물체에 가로막혔을 때 빛을 가린 물체의 형태를 따라서 생깁니다. 만일 빛이 _____ 하지 않았다면 물체를 피해 움직이면 되니, 그림자가 지금처럼 생기기는 어렵습니다.

   답 _____

빛이 곧게 나아가는 모습을 '빛의 직진'이라고 합니다. '직진'이라는 단어를 넣어 한 줄 문장을 만들어 봅시다.

_____

배경지식을 쌓는 과학 이야기 02

돋보기는 왜 크게 보일까요?
빛의 굴절 이야기

　직진하던 빛은 프리즘을 통과하며 꺾입니다. 빨간 레이저빛을 반투명한 유리나 뿌연 물에 비추어 보면 꺾이는 모습을 선명하게 볼 수 있습니다. 공기나 유리, 물처럼 소리나 빛이 통과하는 물질을 '매질'이라고 하는데, 빛은 다른 매질을 통과할 때마다 방향을 바꾸어 나아갑니다. 이 현상을 '빛의 굴절'이라고 부릅니다. 프리즘을 통과한 빛도 유리라는 매질을 만나 굴절된 것입니다.

　왜 빛은 매질이 달라질 때마다 굴절될까요? 빛이 나아가는 모습을 자동차가 움직이는 모습이라고 생각해 봅시다. 자동차가 차선을 비스듬히 가로질러 진흙 길로 향한다면, 자동차의 한쪽 바퀴가 진흙탕에 먼저 닿을 겁니다. 그러면 먼저 닿은 바퀴부터 진흙에 묻히면서 속도가 느려지고, 직진하던 자동차는 자연스레 진흙 방향으로 꺾여 나아가지요. 마찬가지로 빛도 비스듬한 방향으로 나아가다 유리나 물처럼 매질이 바뀌는 부분에 닿으면 먼저 닿는 안쪽으로 굴절되는 거랍니다. 당연히 빛이 다른 매질에 수직으로 들어가면 먼저 닿는 부분이 없어 굴절되지 않고 곧게 나아가요.

　볼록 렌즈로 본 물체가 다르게 보이는 이유도 빛의 굴절과 관계있습니다. 영화나 만화에서 탐정이 돋보기를 들고 증거물을 찾는 장면이 많이 나옵니다. 이 돋보기의 렌즈가 바로 가운데가 두꺼운 볼록 렌즈입니다. 볼록 렌즈 가까이에 있는 물체는 실물보다 크고 훨씬 가까이 보이기 때문에 자세하게 들여다볼 수 있어요. 그래서 볼록 렌즈는 돋보기안경이나 현미경처럼 작은 것을 크게 보는 기구에 사용됩니다. 또, 빔 프로젝터에는 여러 종류의 렌즈가 사용되는데, 그중 볼록 렌즈는 작은 영상을 크게 확대시키는 역할을 합니다.

하지만 볼록 렌즈를 들고 관찰하던 물체에서 점점 멀어지면 어느 순간 물체가 실물보다 작고 뒤집힌 모습으로 보입니다. 볼록 렌즈는 가운데가 볼록한 렌즈이기 때문에 빛이 렌즈에 닿을 때 가운데의 두꺼운 부분에 먼저 닿아 중앙으로 빛이 모입니다. 이 때문에 물체가 볼록 렌즈 가까이에 있으면 빛이 모이는 지점 앞쪽이라 크게 보이고, 멀리 있을 때는 빛이 모이는 지점 뒤쪽이라 작고 뒤집혀 보인답니다. 볼록 렌즈를 통과한 빛이 한 점으로 모이면서 물체가 보이는 모습에 왜곡이 생기는 것이지요. 볼록 렌즈의 특징 덕분에 햇빛이 강한 날 돋보기로 햇빛을 모아 종이를 태울 수도 있습니다. 강한 햇빛이 중앙으로 모이기 때문에 열이 올라 불이 붙는 것이지요.

오목 렌즈는 가운데가 얇고 가장자리가 두꺼운 렌즈입니다. 빛은 오목 렌즈를 통과하며 가장자리 렌즈의 두꺼운 부분에 빛이 먼저 닿기 때문에 가장자리 방향으로 굴절됩니다. 때문에 볼록 렌즈와 반대로 바깥으로 빛이 퍼지지요. 오목 렌즈는 안경에 주로 사용되는데, 시력이 떨어지는 원인 중 대부분이 눈에 있던 볼록 렌즈 모양의 수정체가 두꺼워졌기 때문입니다. 초점이 제 위치에 맺히지 않아 멀리 있는 물체가 흐리게 보이지요. 오목 렌즈 안경을 쓰면 빛이 퍼지며 눈 안에서 제대로 초점을 맞출 수 있습니다. 오목 렌즈로 물체를 관찰하면 항상 작고 똑바로 보인답니다.

빛의 굴절 때문에 신기루가 생기기도 합니다. 신기루는 물체가 실제 위치가 아닌 다른 곳에서 보이는 착시 현상을 말합니다. 사막에서는 뜨거운 모래 부근의 공기와 차가운 위쪽 공기의 온도 차이가 커서 같은 공기에서도 매질이 달라진 것처럼 빛이 굴절합니다. 여름날 햇볕이 강하게 내리쬘 때 도로 위 공기가 울렁거리는 것처럼 보이는 아지랑이를 본 적이 있나요? 이 또한 빛의 굴절로 인한 착시 현상이지요. 착시 현상은 마법처럼 신기하지만 빛의 굴절이라는 과학적인 원리가 숨어 있답니다.

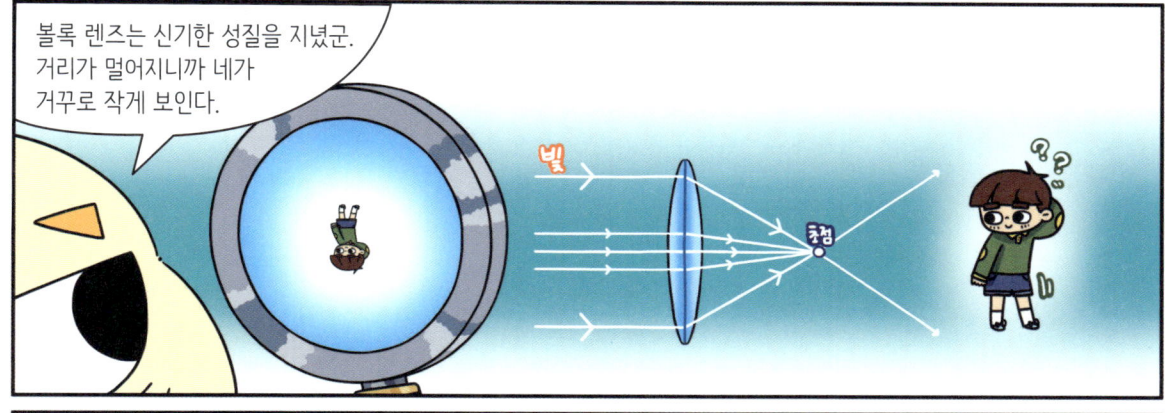

어휘 확장

이 어휘를 통해 문해력이 더 깊어질 수 있어요!

- **반투명** : 절반만 투명하다. 뿌옇게 흐리거나 왜곡되어 반대편이 뚜렷하게 보이지 않음.
- **매질** : 소리나 빛이 통과하는 물질. 유리, 공기, 물 등 다른 물질을 통과할 수 있다.
- **빛의 굴절** : 굽힐 굴(屈), 꺾을 절(折). 빛이 한 물질에서 다른 물질로 나아갈 때 그 경계에서 방향을 바꾸어 꺾는 현상.
- **볼록 렌즈** : 가운데가 두꺼워 볼록한 렌즈.
- **빔 프로젝터** : 빛으로 영상을 확대해 스크린에 비추는 기기.
- **오목 렌즈** : 가운데가 얇고 가장자리로 갈수록 두꺼워지는 렌즈.
- **가장자리** : 물체의 둘레나 끝부분.
- **수정체** : 눈동자 바로 뒤에 붙어 있는 볼록 렌즈 모양의 투명한 눈 안쪽 부분.
- **초점** : 눈에서 물체를 가장 똑똑하게 볼 수 있도록 맞추는 점.
  ❶ 사람들의 관심이나 주의가 집중되는 부분을 말하기도 합니다. 예 문제의 초점
- **신기루** : 물체가 실제 위치가 아닌 다른 곳에서 보이는 착시 현상.
- **착시** : 시각적인 착각 현상. 실제와 다르게 보인다고 생각함.
- **아지랑이** : 여름날 햇볕이 강하게 내리쬘 때 공기가 공중에서 아른거리는 현상.

근데 잠깐만!
'빛의 굴절'이라는 말은 무슨 뜻이라고 했더라?

민재에게 이 과학 개념을 설명해 주세요.
민재야, **'빛의 굴절'**은

 글을 잘 읽고 이해했는지 확인해 봅시다.

문제를 풀며 글을 한 번 더 찬찬히 읽어 보세요!

1. 다음 그림에서 설명하는 빛의 성질은 무엇인가요? (4글자)

 빛이 다른 매질을 통과할 때마다 방향을 바꾸어 나아감.

답 _____

2. 다음은 볼록 렌즈에 대한 친구들의 대화입니다. 내용을 옳게 말한 친구끼리 짝지어진 것을 고르세요.

주원 볼록 렌즈는 햇빛을 모아 종이를 태울 만큼 빛을 모으는 성질이 있어.
지유 물체 가까이에 볼록 렌즈를 대면 크고 자세하게 보여.
정아 맞아. 어른들이 작은 글씨를 볼 때 쓰는 돋보기도 볼록 렌즈야.
주환 우리가 쓰는 시력 교정용 안경도 볼록 렌즈야. 잘 보이지.
우찬 볼록 렌즈로 멀리 있는 물체도 크게 잘 볼 수 있겠어. 신기하다.

① 주원, 정아, 우찬　② 지유, 정아, 주환　③ 정아, 주환, 우찬
④ 지유, 정아, 우찬　⑤ 주원, 지유, 정아

 빛이 곧게 나아가는 모습을 빛의 굴절이라고 합니다. '굴절'이라는 단어를 넣어 한 줄 문장을 만들어 봅시다.

_____

배경지식을 쌓는 과학 이야기 03

토끼와 거북이 이야기에서 더 빠른 이는 누굴까요?

토끼와 거북이 이야기를 알고 있나요? 옛날 옛적 토끼와 거북이가 달리기 시합을 했습니다. 달리기가 빠른 토끼는 거북이가 느릿느릿 걸어오는 것을 보고 자만해 경기 중간에 낮잠을 잡니다. 한참 자고 일어나 보니 느리지만 꾸준하게 걸었던 거북이가 결승선을 통과해 시합에서 이겼어요. 자, 이 달리기 시합에서 누가 더 빠르다고 말할 수 있을까요? 먼저, 거북이가 더 빠르다고 말할 수 있습니다. 같은 거리를 달릴 때 먼저 결승선에 도착했으니까요. 하지만, 그럼에도 토끼가 더 빠르다고 말할 수도 있습니다. 낮잠을 자기 직전까지는 토끼가 거북이를 한참 앞질러 갔으니 말입니다.

빠르기는 거리나 시간을 기준으로 비교합니다. 같은 거리를 누가 더 일찍 도착하는가, 혹은 같은 시간 동안 누가 더 멀리 갔는지를 따지면 쉽게 빠르기를 비교할 수 있습니다.

하지만 이동한 거리나 걸린 시간이 다를 때는 빠르기를 비교하기가 어렵습니다. 예를 들어 대체로 긴 거리를 뛰는 마라톤 선수들의 속력은 단거리 선수보다 느립니다. 그런데 일반인과 비교하면 느리다고 보기 어렵습니다. 초등학교 6학년 건강 체력 평가(PAPS) 1등급 학생은 50미터(m)를 8.7초에 뜁니다. 올림픽에 나가는 마라톤 선수들은 1킬로미터(km)를 약 2분 59초에 뜁니다. 마라톤 선수와 초등학교 6학년 학생 중 누가 더 빠른지 바로 알기 어렵지요?

마라톤 선수의 속력을 50미터 기준으로 바꾸어 계산하면 50미터를 이동하는 데 8.95초가 걸립니다. 즉 마라톤 선수들은 체력 평가 1등급인 초등학교 6학년 학생이 50미터를 전속력으로 뛰는 것과 비슷한 빠르기로 42.195킬로미터를 달리는 셈입니다. 마라톤 선수는 속력이 느릴 거라고 흔히 생각하는데, 실제로 계산해 보면 속력이 굉장히 빠릅니다. 이렇게 단위 시간이나 단위 거리를 통일해 기준을 세우면 빠르기를 정확하게 비교할 수 있어요.

빠르기를 언제든 쉽게 비교하기 위해서 같은 시간 안에 얼마나 이동하는지를 구해 '속력'으로 나타냅니다. 이동 거리를 시간으로 나누면 1시간, 1분, 1초처럼 기준이 되는 단위 시간동안 얼마나 이동하는지 볼 수 있어요. '시속 70km'라는 말은 한 시간(hour)에 70킬로미터를 이동할 수 있는 빠르기로, '70km/h'라고 기록하고 "70킬로미터 매 시"라고 읽습니다. 날씨 예보에서 "초속 30m의 바람이 분다"고 했다면 '1초(second)에 30미터 이동하는 바람'이라는 뜻입니다. '30m/s'라고 기록하고 "30미터 매 초"라고 읽어요. 이 정도의 빠르기면 나무가 뿌리째 뽑힐 수도 있는 매우 강한 바람입니다.

속력과 비슷한 개념으로 '속도'가 있습니다. 하지만 속도와 속력은 차이가 크답니다. 예를 들어, 속력은 움직인 거리를 단위 시간으로 나눈 값이고, 속도는 처음 위치에서 나중 위치 사이의 직선거리를 단위 시간으로 나눈 값입니다. 운동장 한 바퀴 400미터를 1분 동안 뛰었다면 속력은 400m/분이 되지만, 한 바퀴를 돌아 출발점과 도착점이 같다면 속도는 0입니다. 이처럼 속력은 얼마나 빠른지만 이야기하고, 속도는 어느 방향으로 얼마나 빠르게 이동했는가도 말하고 있지요. 일상생활에서 우리가 이야기하는 빠르기는 대부분 속력을 의미한답니다.

빠르기는 보는 사람이 어떻게 움직이고 있느냐에 따라 다르게 느껴지기도 합니다. 두 기차가 나란히 같은 속도로 달릴 때 그중 하나에 내가 타고 있다면 마치 둘 다 멈춰 있는 것 같은 착각이 듭니다. 내가 탄 기차와 같은 방향과 속력으로 달리기 때문에 상대의 속력이 0으로 느껴지거든요. 반대로 서로 마주보고 달린다면 상대의 속력은 두 속력의 합만큼 빠르게 느껴집니다. 이 때문에 마주 오는 자전거와 부딪히면 상대의 속력까지 더해져 큰 충격을 받는 것이지요. 빠르기의 방향이 서로 느끼는 속력에 영향을 미친답니다.

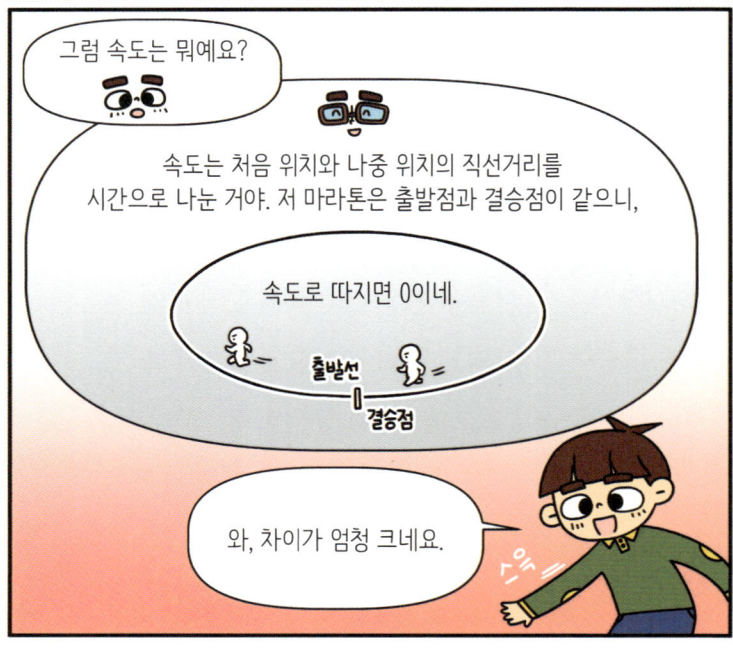

 **어휘 확장** 이 어휘를 통해 문해력이 더 깊어질 수 있어요!

- **자만하다** : 나 자신이나 나와 관련 있는 것을 스스로 자랑하며 뽐내다.
- **앞지르다** : 남보다 빨리 앞을 차지하거나 먼저 해내다.
- **한참** : 시간이 상당히 지나는 동안.
- **마라톤** : 42.195km를 달리는 장거리 경주 종목. 기원전 490년 아테네의 군인이 전쟁터였던 마라톤평원에서 아테네까지 달려와 전쟁 승리의 소식을 전하고 죽었다는 데서 유래하였다. 당시 군인이 약 40km를 달렸을 것이라 추정한다.
- **단위 시간** : 1시간, 1분, 1초처럼 기준이 되는 시간.
  ❗ 수학에서 단위 넓이는? 1로 약속한 넓이. 가로 1cm, 세로 1cm인 사각형의 넓이를 단위 넓이인 1cm²로 표현하기로 정했습니다.
- **예보** : 미리 예(豫), 알릴 보(報). 미리 알림.
- **충격** : 물체에 급격히 가해지는 힘.
- **마주 오다** : 서로 똑바로 향해 오다.

근데 잠깐만! **'속력'**이라는 말은 무슨 뜻이라고 했더라?

민재에게 이 과학 개념을 설명해 주세요.
민재야, **'속력'**은

글을 잘 읽고 이해했는지 확인해 봅시다.

문제를 풀며 글을 한 번 더 찬찬히 읽어 보세요!

1. 다음 중 빠르기에 대한 설명으로 알맞은 것을 고르세요.

   ① 같은 거리를 이동한 시간이 길수록 빠르다.

   ② 같은 시간 동안 먼 거리까지 이동할수록 빠르다.

   ③ 동시에 출발해 같은 거리를 나중에 도착한 사람이 빠르다.

   ④ 100m를 15초에 뛰는 사람보다 18초에 뛰는 사람이 빠르다.

2. 다음을 읽고 1분(minute)에 30km를 이동할 수 있는 빠르기를 알맞은 속력의 단위를 사용해 표시해 봅시다.

   > 시속 70km는 한 시간(hour)에 70km를 이동할 수 있는 빠르기를 말하고, 70km/h로 표기합니다.

   ① 30m/h   ② 30km/h   ③ 30m/km   ④ 30km/m

준우와 민지 중 시합으로 이긴 사람이 달리기 대표 선수가 되기로 했습니다. 달리기가 빠른 선수를 공정하게 가리기 위해 어떻게 시합해야 하는지 시합의 조건을 적어 봅시다.

배경지식을 쌓는 과학 이야기 04

전구에 불을 켜는 힘은 어디에서 왔을까요?

고무풍선을 분 후 머리카락에 문질러 본 적이 있나요? 풍선을 떼어 내도 머리카락이 풍선에 달라붙으며 삐죽 섭니다. 이런 현상은 정전기 때문인데요, 정전기가 무엇인지 알아보기 위해서 원자의 전기적인 성질부터 이야기를 시작하겠습니다.

물질을 이루는 가장 작은 단위를 '원자'라고 합니다. 원자는 물체를 더 이상 쪼갤 수 없을 만큼 작게 쪼갠 기본 단위를 말해요. 물은 수소 원자와 산소 원자로 이루어졌고, 이산화탄소는 탄소 원자와 산소 원자로 이루어져 있어요. 원자는 원자핵과 전자로 구성되는데, 원자핵은 양(+) 전기를 띠고, 전자는 음(-) 전기를 띠고 있답니다. 하지만 원자 안에서 원자핵과 전자가 가진 전기의 양은 같기 때문에 원자 자체는 양(+) 전기도 아니고, 음(-) 전기도 아닌 중성 상태이지요.

전자는 작고 가벼워서 자유롭게 이동하는데, 서로 다른 두 물체가 마찰하면 전자를 내놓기 쉬운 물질에서 다른 쪽으로 전자가 이동합니다. 전자가 다른 물체로 이동하면 원래 있던 물체는 전자가 가진 음(-)전기가 부족해지며 양(+)전기를 띠게 됩니다. 또한, 옮겨 간 다른 물체는 전자가 많아지면서 음(-)전기를 띱니다. 이렇게 마찰로 전자가 이동해 각각의 물체에 쌓인 전기를 '정지된 전기', 즉 '정전기'라고 하지요.

양(+) 전기를 띠는 물체와 음(-) 전기를 띠는 물체는 서로를 끌어당깁니다. 반대로, 같은 전기를 띠는 물체끼리 만나면 서로를 밀어내지요. 고무풍선을 머리카락에 문지른 후 떼어 냈을 때 서로 달라붙는 이유는, 고무풍선과 머리카락이 서로 마찰되며 전자가 이동했고 그로 인해 서로 다른 극의 전기를 띠면서 달라붙는 힘이 생겼기 때문입니다.

겨울철에 쇠로 된 문고리를 잡으면 따끔하다 느끼는 것은, 전기가 잘 흐르는 물질인 금속을 만나 우리 몸에 쌓여 있던 정전기가 순간적으로 흘렀기 때문입니다. 이를 정전기가 '방전되었다'고 말합니다. 짧은 순간 전기가 흐르며 쌓여 있던 정전기가 빠져나갔고, 방전으로 전기의 양이 균형을 찾으면 더 이상 전기가 흐르지 않아요.

만약 전자를 꾸준히 이동시키는 힘이 있다면 전기는 마치 물처럼 흐르게 됩니다. 전기가 물처럼 흐르는 모습을 전류라고 하고, 전자를 이동시키는 힘을 전압이라고 합니다. 주위에서 건전지를 사용하는 제품을 찾아보세요. 건전지에 적힌 1.5V, 9V 같은 단위가 바로 전압의 단위입니다. 건전지는 전압을 만들어 전자들이 한 방향으로 계속 이동하게 만듭니다. 즉, 이동시키는 방향이 동일해야 하기 때문에 건전지의 극을 약속된 방향으로 맞춰야 하지요.

전자는 (-)극에서 (+)극으로 이동하기 때문에 건전지의 (-)극과 (+)극이 끊김 없이 연결되어 있어야 전류가 흐르고 전구에 불이 켜집니다. 전류가 흐르는 통로를 회로라고 부르고, 끊김 없이 연결된 회로를 '닫힌 회로'라고 합니다. 반대로 어느 한쪽이 열려 끊긴 회로를 '열린 회로'라고 하지요.

닫힌 회로에서 건전지 두 개를 서로 다른 극이 만나도록 일렬로 길게 연결하면 전구의 불이 더 밝게 들어옵니다. 전기를 이동시키는 힘, 전압이 두 배로 세지기 때문입니다. 이 방법을 전지의 '직렬 연결'이라고 합니다. 반면 전지 두 개를 같은 극끼리 맞닿게 떡꼬치처럼 나란히 연결하면 전구의 밝기에는 변화가 없어요. 전기를 흐르게 하는 힘이 세지는 것이 아니라 그 힘을 오랫동안 유지하도록 당번을 바꿔 주는 것과 같기 때문입니다. 이 연결 방식을 전지의 '병렬 연결'이라고 부릅니다.

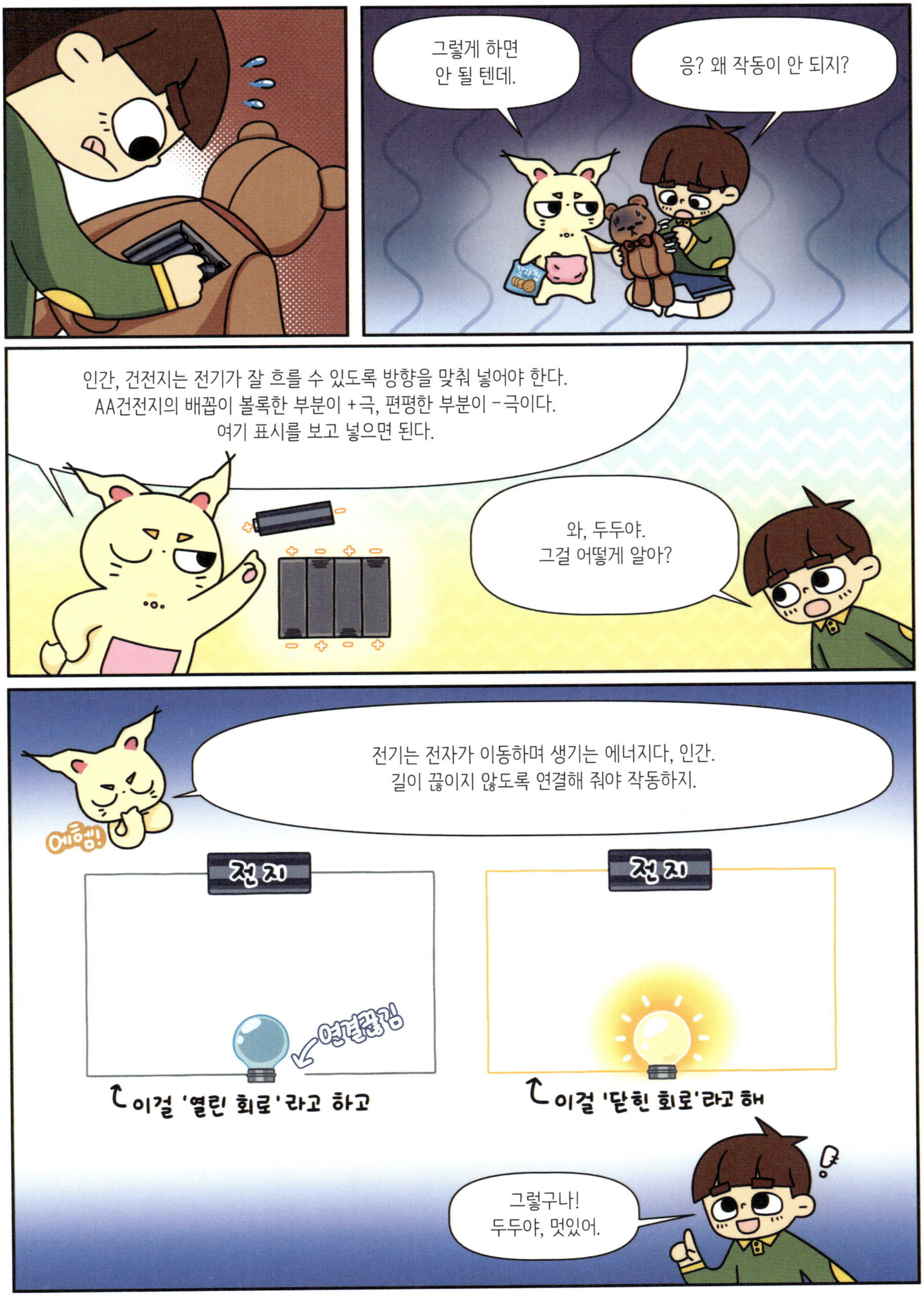

어휘 확장

이 어휘를 통해 문해력이 더 깊어질 수 있어요!

- **근원** : 뿌리 근(根), 근원 원(源). 사물이 시작된 뿌리나 그 원인.
- **원자** : 물질의 기본 단위. 하나의 핵과 핵을 둘러싼 여러 개의 전자로 이루어져 있다.
- **원자핵** : 원자의 중심부를 이루는 입자. (+)전하의 성격을 가진다.
- **전자** : 원자핵의 주위를 도는 입자. (-)전하의 성격을 가진다.
- **마찰** : 문지를 마(摩), 문지를 찰(擦). 물체가 서로 닿아 비벼짐.
- **회로** : 전류가 다니는 통로.
- **전류** : 전기가 연속적으로 이동하는 현상.
- **전압** : 전자를 이동시켜 전류를 흐르게 하는 능력. V(볼트) 단위를 사용한다.
  - ❗ 3V는 1.5V보다 전류를 흐르게 하는 힘이 2배 셉니다.

근데 잠깐만!
'**전류**'라는 말은 무슨 뜻이라고 했더라?

민재에게 이 과학 개념을 설명해 주세요.
민재야, '**전류**'는

 글을 잘 읽고 이해했는지 확인해 봅시다.

문제를 풀며 글을 한 번 더 찬찬히 읽어 보세요!

1. 다음 중 전기에 대한 설명으로 알맞지 않은 것을 고르세요.

    ① 물체끼리 마찰할 때 전자가 이동한다.

    ② 전기가 흐르는 모습을 '전류'라고 한다.

    ③ 전지 두 개를 같은 극끼리 맞닿게 연결하면 전구가 더 밝아진다.

    ④ 전자는 음(-)전기를 띠는 곳에서 양(+)전기를 띠는 곳으로 이동한다.

2. 글을 읽고 전구에 불이 들어오는 회로를 골라보세요.

① 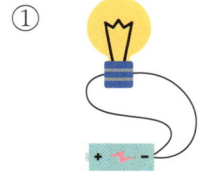 ② 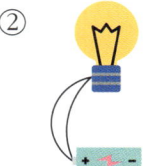 ③ 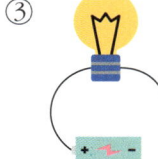 ④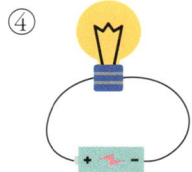

 겨울철 금속을 만질 때 정전기의 따끔함을 피하려면 어떻게 해야 할까요? 인터넷에 검색해 겨울철 정전기를 줄이는 법을 한 가지 찾고, 그 원리를 정리해서 적어 보세요.

_____

_____

_____

배경지식을 쌓는 과학 이야기 05

전기로 자석을 만들어요

폐차장에서 버려진 차나 무거운 고철을 기중기가 들어 올리는 장면을 본 적이 있나요? 강한 자석으로 고철을 들어 올려 이동한 후 원하는 곳에 오면 거짓말처럼 자석의 끌어당기는 힘이 사라져 자석에 붙어 있던 고철들을 떨어뜨립니다. 자석의 성질이 있지만 원할 때마다 자석의 성질을 없앨 수 있는 이 물체의 정체는? 바로 전자석입니다.

전자석은 전류가 흐를 때만 자석이 되는 물체를 말합니다. 전자석은 새로이 발견된 물질이 아닙니다. 쇠막대에 전선을 코일처럼 감아 회로에 연결해 만들 수 있는 자석입니다. 덴마크의 물리학자 외르스테드는 우연히 전선 근처에 둔 나침반의 바늘이 전류가 흐를 때마다 움직이는 것을 발견합니다. 나침반은 자석의 힘인 자기력으로 움직이는데, 전기만으로 나침반 바늘이 움직인 것을 본 것이지요. 즉, 전기가 자기력을 만든다는 증거를 찾았습니다.

외르스테드는 이후의 실험을 통해 전기가 자기장을 만든다는 '외르스테드의 법칙'을 발표했습니다. 그전까지 전기와 자성은 별개의 힘이라 생각했어요. 하지만, 외르스테드의 발견 이후로 '전자기학'이라는 새로운 학문 분야가 생겼고, 전기로 자석의 힘을 만들거나 자석의 힘으로 전기 에너지를 만들게 되었답니다.

전류가 흐르는 방향이 바뀔 때마다 나침반 바늘이 움직이는 방향도 바뀌었습니다. 전류의 방향이 자기장에 영향을 미친 것이지요. 특히 전선이 스프링처럼 코일 모양으로 감긴 전선에서는 여러 자기장이 겹치면서 전선 자체가 막대자석처럼 극을 갖게 되었습니다. 이 코일 모양으로 감긴 전선 사이에 쇠막대를 넣으면 자기장이 강해져 전자석이 되는 겁니다. 자석의 성질을 갖게 된 코일 모양의 전선은 전류의 방향이 바뀔 때마다 자석의 극도 바뀌었습니다. 전류의 방향을 바꿔 극을 바꿀 수 있는 자석이 등장한 셈이지요.

　용도에 따라 자석의 극을 바꿀 수 있기 때문에 전자석은 다양하게 활용되었습니다. 자기부상열차는 전자석을 이용하는 대표적인 사례입니다. 열차에 전자석을 넣고 레일에 강한 자석을 장착하면, 전류를 흘려보낼 때만 자석의 힘이 생기며 열차가 레일 위에 뜰 수 있습니다. 자기부상열차 설계 방식마다 차이는 있지만, 서로 다른 극끼리 당기는 힘으로 앞으로 가거나, 극을 바꿔 열차의 방향을 바꾸기도 합니다.

　전자석은 연결된 전류가 세질수록 자기력도 강해졌습니다. 전자석이 연결된 전기 회로에서 전지를 직렬로 여러 개 연결하면 전류의 세기가 세집니다. 이 전자석에 클립을 붙여 보면 전자석에 붙는 클립의 수가 많아진답니다. 또, 코일이 촘촘하게 감겨 있을수록 자기력의 세기가 더 세집니다. 전자석은 영구 자석과 달리 전류의 세기를 키우면 그만큼 강한 자기력을 만들 수 있어 무거운 고철을 들 만큼 강한 자석도 만들 수 있지요.

　우리가 사용하는 대부분의 전자 제품에 전자석이 사용됩니다. 전자 제품의 모터(전동기)에 전자석이 사용되기 때문입니다. 영구 자석 사이에 전자석을 두고 전류가 흐를 때만 자석이 되도록 만들어 끌어당기는 힘과 밀어내는 힘을 반복해 모터가 돌아갑니다. 이것은 선풍기나 드라이기, 전기 자동차 등 전기 제품에 다양하게 활용되고 있지요. 외르스테드의 우연한 발견 덕에 이토록 다양한 전기 제품을 사용하게 되었다니 흥미롭습니다.

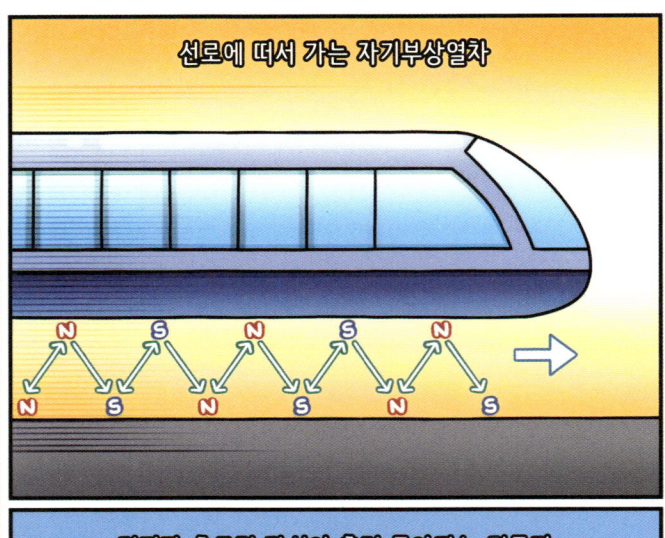

어휘 확장

이 어휘를 통해 문해력이 더 깊어질 수 있어요!

- **폐차장** : 낡거나 못 쓰게 된 차를 없애는 곳.
- **기중기** : 무거운 물건을 들어 올려 이동시키는 기계.
- **코일 모양의 전선** : 나사 모양이나 전화선 모양으로 여러 번 감은 전선.
  - ❗ '솔레노이드(solenoid)'라고도 합니다.
- **자기력** : 자석 또는 전기를 띈 물체가 주위 물체들을 끌어당기거나 미는 힘.
- **전기력** : 전기를 지닌 물체 사이에 작용하는 전기의 힘.
- **별개** : 관련 없이 서로 다름.
- **자기장** : 자석의 힘이 미치는 공간.
- **응용** : 어떤 이론이나 지식을 다른 사례에 적용하여 이용함.
- **유용** : 있을 유(有), 쓸 용(用). 쓸모가 있음.
  - ❗ 유용 : 흐를 유(流), 쓸 용(用). 남의 것이나 다른 곳에 쓰기로 한 것을 다른 데로 돌려씀.

근데 잠깐만! **'자성'**이라는 말은 무슨 뜻이라고 했더라?

민재에게 이 과학 개념을 설명해 주세요.

민재야, **'자성'**은

 글을 잘 읽고 이해했는지 확인해 봅시다.

문제를 풀며 글을 한 번 더 찬찬히 읽어 보세요!

1. 전자석에 대한 설명으로 바르게 말한 친구를 모두 고르세요.

> 주원 전자석은 전류가 흐를 때만 자석이 되는 물체야.
> 연지 맞아. 쇠막대에 전선을 코일처럼 감아 회로에 연결해 만들 수 있지!
> 인정 전선으로 만들기 때문에 자석의 힘은 약한 편이야.
> 주환 전류의 방향을 바꿔 전자석의 극을 바꾸면 다양하게 활용할 수 있어.

답 _____

2. 다음은 전자석과 자석의 특징을 정리한 표입니다. 빈칸을 채워 봅시다.

	(영구)자석	전자석
자성	항상 있음	전류가 흐를 때만 자석이 됨
자석의 세기 조절	조절 안 됨	㉠
극 변경	변경 안 됨	㉡

 전자석의 성질을 이용한 발명품을 제안해 봅시다. 사용하며 불편했던 물건 중 전자석의 성질을 활용해 개선할 수 있는 것은 없는지 고민해 보세요.

_____

_____

_____

배경지식을 쌓는 과학 이야기 06

열은 어떻게 이동할까요?

차가운 얼음을 뜨거운 물에 넣으면 어떻게 되나요? 얼음이 녹고 뜨거운 물은 식어서 미지근해집니다. 이것을 과학에서는 열이 얼음으로 이동해 열을 뺏긴 뜨거운 물은 미지근해지고, 열을 얻은 얼음은 녹았다고 말합니다. 차가운 기운이 뜨거운 열에 전달된 것이 아니라 열이 많으면 뜨겁고 열이 적으면 차가운 것이라고 보는 겁니다. 물이 많은 곳에서 적은 곳으로 흐르듯 높은 온도(고온)와 낮은 온도(저온)가 만나면 고온에서 저온으로 열이 이동합니다.

뜨거운 물에서 얼음으로 열이 계속 이동하다가 둘의 온도가 같아지는 순간이 오면 더 이상 열이 이동하지 않습니다. 이것을 '열평형 상태'라고 합니다. 얼음과 뜨거운 물이 서로 열평형 상태가 될 때까지 열이 이동한 것이지요.

열이 이동하는 방법은 크게 세 가지입니다. 첫 번째는 '전도'입니다. 전도는 물체와 물체가 접촉하면서 열이 전달되는 방식입니다. 예를 들어, 팬에 고기를 구울 때 고기는 불에 직접 닿지 않지만 불에 닿은 팬이 뜨거워지면서 팬에 닿은 고기가 익게 됩니다. 물체는 아주 작은 입자들로 이루어져 있는데, 물체의 한쪽에 열이 전달되면 입자들이 움직이기 시작합니다. 그리고 옆에 있던 입자에 그 움직임이 전달되면서 열이 전달되는 것이지요. 마치 다리를 떨면 그와 닿은 책상까지 흔들리는 것과 비슷합니다. 입자들이 서로 붙어 있을수록 전달이 잘되기 때문에 빼곡히 붙어 있는 고체에서 전도가 잘 일어납니다.

열의 전도가 잘되는 물질도 있고, 그렇지 않은 물질도 있습니다. 냄비는 밑면만 불에 닿아도 냄비 전체가 뜨거워지는 금속으로 만듭니다. 하지만 뜨거워지면 불편한 손잡이는 전도가 잘되지 않는 플라스틱이나 실리콘 소재를 사용합니다.

열이 이동하는 방법 중 두 번째는 '대류'입니다. 대류는 액체나 기체에서 뜨거운 열을 가진 입자가 위로 올라가는 방식입니다. 온도가 오르면 물질의 입자가 활발하게 움직이는데, 이 움직임 때문에 입자와 입자 사이 간격이 넓어진답니다. 기체나 액체에서 입자의 간격이 넓어지면 가벼워지기 때문에 움직임이 활발한 입자들은 위로 뜹니다. 뜨거워진 입자가 위로 올라가는 것이지요. 대류 때문에 촛불 위쪽에 손을 대면 옆에 대는 것보다 훨씬 뜨겁게 느껴집니다. 반대로 온도가 내려가면 입자의 움직임이 둔해지고 입자 간 간격이 좁아져 주변보다 무거워지면서 아래로 내려옵니다.

그럼 물을 끓일 때는 어느 쪽을 가열해야 빠를까요? 물 주전자의 아래쪽을 가열하면 뜨거워진 물이 위로 이동하고, 차가운 물은 아래로 내려와 전체가 끓게 됩니다. 만약 위쪽을 가열한다면 대류가 일어나지 않아 위쪽만 따뜻해져서 열이 아래로 전달되기까지 시간이 오래 걸립니다. 대류 때문에 겨울철 난방 기구는 아래쪽으로 틀어야 따뜻한 공기가 위로 올라가며 방 전체가 빨리 따뜻해진답니다.

열이 이동하는 방법 중 세 번째는 '복사'입니다. 추운 겨울에 난로 옆에 있으면 열기가 전달됩니다. 직접 닿는 전도도 아니고, 옆쪽이라 대류에 의해 뜨거운 입자가 위로 올라가며 열이 전달되는 것과는 다릅니다. 이처럼 난로의 열이 무언가를 통하지 않고 직접 전달되는 방식을 '복사'라고 합니다. 지구와 태양 사이에는 공기가 없어 열을 전달할 수 있는 물질이 없지만, 태양열이 직접 지구에 도착해 우리를 따뜻하게 하는 것처럼요.

우리나라 고유의 난방 방식인 온돌은 불을 피운 아궁이에서 온돌을 따라 열이 전도되어 방바닥을 따뜻하게 데웁니다. 따끈해진 온돌은 위쪽으로 열을 방출하지요. 복사열로 데워진 방바닥 근처의 공기는 대류를 통해 위로 이동하면서 방 전체를 데운답니다. 온돌에는 열의 이동에 대한 과학적인 원리가 모두 숨어 있답니다.

 **어휘 확장** 이 어휘를 통해 문해력이 더 깊어질 수 있어요!

- **온도** : 물체나 물질이 차갑거나 따뜻한 정도.
- **고온** : 높은 온도. 열을 많이 가진 상태.
- **저온** : 낮은 온도. 고온에 비해 열을 덜 가진 상태.
- **열평형** : 더 이상 열이 이동하지 않는 상태. 고온에서 저온으로 열이 이동해 두 곳의 온도가 같아진 상태를 말한다.
- **입자** : 물질을 이루고 있는 아주 작은 단위. 원자나 분자 등의 단위들을 통틀어서 말한다.
  ❗ 물질의 가장 기본 단위인 원자가 모여서 분자가 됩니다. 물 분자는 수소 원자와 산소 원자가 합해져서 만들어집니다.
- **전도** : 열이 온도가 높은 곳에서 낮은 곳으로 입자 간의 접촉을 통해서 전달되는 것.
- **대류** : 뜨거운 액체나 기체가 위로 올라가고, 차가운 액체나 기체가 아래로 내려오면서 열을 전달하는 방식.
  ❗ 전도와 달리 열을 얻은 입자가 직접 올라가고, 식으면 아래로 내려옵니다.
- **복사** : 전도와 대류와 달리, 다른 물질을 통하지 않고도 열이 전달되는 방법. 난로 주변의 공기가 따뜻해지는 것은 복사열로 열이 전달되는 것이다.
- **온돌** : 방바닥 아래 아궁이에서 불을 피워 그 열기로 온돌을 데우고 따뜻해진 온돌이 방을 데우는 한국 고유의 바닥 난방 방식.
  ❗ '구들'이라고도 합니다.

근데 잠깐만! **'열평형'**이라는 말은 무슨 뜻이라고 했더라?

민재에게 이 과학 개념을 설명해 주세요.
민재야, **'열평형'**은

진짜 읽기

글을 잘 읽고 이해했는지 확인해 봅시다.

문제를 풀며 글을 한 번 더 찬찬히 읽어 보세요!

1. 다음 그림에서 설명하는 열의 이동 방식은 무엇인가요?

답 _____

2. 다음은 일상생활에서 열이 이동하는 사례입니다. 열전도의 사례를 말한 친구들을 모두 고르세요.

> 하윤 온돌로 바닥을 데우면 방 전체가 따뜻해져.
> 도하 에어컨은 위쪽에 설치해서 공간 전체를 시원하게 만드는구나.
> 민영 추운 겨울날 엄마의 손을 잡았더니 따뜻했어.
> 순례 고기를 굽고 있는 불판을 만졌다가 화상을 입었어.

답 _____

한 줄 글쓰기!

냄비의 손잡이가 플라스틱이나 나무, 실리콘 등 다른 재질로 이루어져 있는 이유를 열의 이동과 관련지어 한 줄로 적어 봅시다.

_____

섭씨가 만든 섭씨온도, 화씨가 만든 화씨온도?

꽃이 피기 시작하는 봄에는 기온이 10~15도 정도 되며 선선한 날씨가 이어집니다. 추운 겨울바람을 녹이기 때문에 따뜻하다고 느끼지요. 하지만 미국에서는 50도는 되어야 봄 날씨라고 본답니다. 우리나라에서 50도면 사우나 실내만큼 뜨거운 날씨인데 말이에요. 도대체 무슨 소리일까요?

이것은 우리나라와 미국에서 사용하는 온도 체계가 다르기 때문입니다. 우리나라에서 사용하는 온도 체계는 섭씨온도입니다. 반면 미국에서는 화씨온도를 사용합니다. 온도 단위는 사람들이 편의를 위해 만들었기 때문에 나라마다 다를 수 있어요.

온도 단위가 만들어지기 전에는 사람들이 자신이 느끼는 대로 온도를 표현했습니다. 그러다 보니 어떤 사람들은 따뜻하다고 느끼는 음료를 어떤 사람은 뜨거워서 먹기 어렵다고 느낄 수 있었지요. 또 매우 추운 날씨라고 들었는데, 막상 가 보니 별로 춥지 않다고 느끼는 경우도 있었어요. 사람마다 느끼는 온도가 모두 다르기 때문입니다.

과학자들은 온도를 더 정확하게 표현하기 위해 객관적인 기준을 만들자고 제안했습니다. 그러자 여름철 가장 심한 더위를 기준으로 삼자고 제안한 사람도 있었고, 사람의 체온이나 버터가 녹는점을 기준으로 삼자는 제안도 있었어요. 하지만 이 제안들은 상황에 따라 바뀔 수 있기 때문에 기준으로 쓰기에는 적절하지 않았습니다.

그러다 스웨덴의 과학자 셀시우스가 물이 어는점과 끓는점을 기준으로 온도 단위를 만들자고 제안했습니다. 물이 어는 온도와 끓는 온도는 어디에서 재든 항상 같았기 때문입니다. 이후 물이 어는점을 0℃, 끓는점을 100℃로 하고, 그 사이를 100으로 나누

더 깊은 배경지식이 궁금하다면?

어 온도를 나타내기 시작했습니다. 이것이 오늘날 우리가 사용하는 섭씨온도 체계입니다. 셀시우스를 소리 나는 대로 중국식으로 번역하면 '섭이사'가 되는데요, 첫 글자 '섭'을 따서 섭씨가 제안한 온도라는 의미로 섭씨온도라는 이름이 붙었지요. 0℃는 '섭씨 영도'라고 읽고 편의상 앞의 섭씨를 생략해 '영도'라고도 읽습니다.

반면 화씨온도는 독일의 과학자 파렌하이트가 개발한 온도 체계입니다. 물의 어는점과 끓는 점 사이를 180조각으로 나누어 좀 더 세밀하게 온도 변화를 측정할 수 있어요. 화씨온도에서는 물이 얼 때를 32℉, 끓을 때를 212℉로 보므로 화씨 32℉를 섭씨 0℃라고 생각하면 됩니다. 때문에 미국에서 화씨 85℉가 넘으면 보통 여름옷을 입습니다. 섭씨로는 30℃, 땀이 나는 더운 날씨이기 때문이에요. 과거에는 영국과 미국 등 여러 나라에서 화씨온도 체계를 사용했지만, 영국도 섭씨온도로 바꾸면서 미국을 비롯한 몇몇 나라에서만 화씨온도를 쓰고 있답니다. 그래서 미국의 화씨온도가 영국에서 독립한 미국의 역사적, 문화적 정체성을 나타낸다고 보는 사람도 있어요.

요즘에는 많은 나라에서 섭씨온도를 사용하고 있어서 화씨온도 체계가 낯설게 느껴질 수도 있습니다. 하지만 단위는 사람들 간의 약속이기 때문에 화씨온도에 익숙한 사람들은 오히려 섭씨온도를 어려워한답니다. 이처럼 온도의 단위도 문화마다 다를 수 있다니 흥미롭습니다.

Part 02

서로 다른 물질이 만나면 새로운 물질로 변화하기도 합니다. 반대로 뒤섞인 여러 물질 중 필요한 물질만 분리하기 위해 고유한 특성을 이용하기도 하지요. 물질의 여러 성질과 변화에 대해 차근차근 살펴봅시다.

물질은 변화해요

배경지식을 쌓는 과학 이야기 07

개울가에서 금을 캔다고요?

　바닷물, 우유, 비빔밥, 설탕물, 공기의 공통점이 무엇일까요? 이것들은 모두 두 가지 이상의 물질이 섞인 '혼합물'입니다. 공기가 질소, 산소, 이산화탄소 같은 여러 기체가 섞여 있는 것처럼 말입니다. 이 혼합물들은 섞이기 이전의 성질을 그대로 가지고 있습니다. 마치 비빔밥에서 여러 채소의 맛이 골고루 나는 것과 같아요.

　혼합물에는 공기나 설탕물처럼 어느 부분을 떠도 고르게 섞인 '균일 혼합물'도 있고, 비빔밥처럼 어느 부분을 떠먹느냐에 따라 들어 있는 물질이 다른 '불균일 혼합물'도 있답니다. 균일한 혼합물 중 액체로 된 물질을 '용액'이라고 해요.

　흰 우유도 물, 단백질, 지방, 비타민 등이 섞인 혼합물입니다. 우유는 지방 이외에도 단백질, 탄수화물 같은 여러 물질들이 섞여 있어 원하는 성분 위주로 분리하면 다양한 유제품을 만들 수 있습니다. 우유를 데워 식초를 넣으면 우유의 단백질 성분이 한 덩어리로 뭉쳐집니다. 이것을 면포에 걸러 수분이 빠진 단백질 위주의 치즈를 얻을 수 있습니다. 또, 버터는 우유를 강하게 휘저어 지방을 응고시킨 후 분리해 만든 유제품이랍니다. 이처럼 혼합물을 구성하는 물질의 성질을 이용해 필요한 성분만 분리해 낼 수 있어요.

　혼합물을 분리하는 방법은 다양합니다. 알갱이의 크기를 이용해 알곡을 분리하는 것은 아주 오래전부터 사용한 방식입니다. 들깨는 줄기째로 수확한 후 완전히 건조된 들깨 줄기를 그물망 위에 올려 두고 탁탁 쳐냅니다. 그럼 들깨와 마른 잎들이 떨어지며 그물망을 통과한 들깨만 모을 수 있답니다. 다른 불순물들보다 들깨 알갱이의 크기가 작은 성질을 이용한 방법이지요.

소금은 바닷물을 증발시켜서 얻습니다. 염전에서는 바닷물을 햇볕에 오래 두어 물을 증발시킨 뒤 소금을 얻습니다. 때로는 더 빠르게 소금을 얻기 위해 바닷물을 가마솥에 넣고 오랫동안 끓여 물을 증발시키기도 했습니다. 설탕은 사탕수수를 눌러 짠 즙을 끓여서 수분을 증발시킨 후 남은 갈색 결정이랍니다.

모래가 섞인 소금은 여과 방식으로 분리할 수 있습니다. 물에 녹는 성분은 필터를 통과하고, 녹지 않는 성분은 필터 위에 남겨 분리하는 방식이 '여과'입니다. 소금은 물에 녹고, 모래는 녹지 않기 때문에 물을 넣어 녹인 뒤 필터지에 거르면 물에 녹는 소금만 소금물의 형태로 여과지를 통과하지요. 통과한 소금물을 끓여 수분을 증발시키면 소금만 남길 수 있습니다. 커피를 내리는 것도 동일한 방식입니다. 물에 녹는 성분은 필터를 통과하고, 녹지 않는 성분은 필터 위에 그대로 남아 있어 커피 원두의 향과 풍미만 즐길 수 있답니다.

기름과 물은 둘 다 액체지만 서로 섞이지 않습니다. 간혹 유조선 사고로 인해 기름이 바다에 새면, 바닷물 위에 기름이 뜹니다. 그러면 바다에 흡착포를 덮어서 기름을 제거하지요. 혼합물에 들어 있는 각 성분의 특징을 이용하면 알맞은 분리 방법을 찾을 수 있답니다.

우리가 이용하는 원재료들은 대부분 혼합물에서 분리한 것입니다. 금은 금광에서 금덩어리를 캐는 것이 아니라 금광석을 캐낸 후 금광석에 붙어 있는 금을 분리해낸 것입니다. 호주 빅토리아주 소버린 힐에서는 150년 전 방식으로 사금을 채취할 수 있어요. 금광 근처 물가에서 떠내려 온 자갈과 물을 접시로 떠낸 후 접시를 흔들어 물에 뜨는 금만 분리해낸답니다. 금가루가 물보다 가벼워 물에 뜨거든요. 개울가에서 금을 떠낸다니 흥미롭지요? 필요한 성분을 어떻게 추출해 낼 것인지 고민해 보세요. 귀한 것을 발견할 수도 있답니다.

어휘 확장

이 어휘를 통해 문해력이 더 깊어질 수 있어요!

- **혼합물** : 두 가지 이상의 물질이 섞여 있는 것. 섞이기 이전의 성질을 가지고 있다.
- **성질** : 고유의 특성.
- **균일** : 한결같이 고름.
  - ❗ 불균일 : 아니 불(不)+균일. 고르지 않다.
- **알곡** : 낟알로 된 곡식.
- **분리** : 나뉘어 떨어짐. 물질의 혼합물을 성분에 따라 나누는 것.
- **응고** : 액체가 엉겨서 뭉쳐 굳어짐.
- **증발** : 어떤 물질이 액체 상태에서 기체 상태로 변함. 한 예로, 바닷물 속의 수분이 수증기가 되어 날아가는 것을 말한다.
- **염전** : 소금을 만들기 위해 바닷물을 끌어들여 논처럼 만든 곳.
- **여과** : 거름종이나 여과기를 써서 액체 속에 들어 있는 입자를 걸러 내는 일.
- **필터** : 거름종이. 액체나 기체 속의 이물질을 걸러 내는 장치.
- **흡착포** : 다른 물질을 달라붙게 하는 성질을 지닌 천. 기름을 빨아들이는 데 사용한다.
- **사금** : 물가나 물 밑의 모래 또는 자갈 속에 섞인 금. 금광석이 잘게 부서져서 생긴다.
- **금광** : 금을 캐내는 광산.

근데 잠깐만!
'**혼합물**'이라는 말은 무슨 뜻이라고 했더라?

민재에게 이 과학 개념을 설명해 주세요.
민재야, '**혼합물**'은

진짜 읽기

글을 잘 읽고 이해했는지 확인해 봅시다.

문제를 풀며 글을 한 번 더 찬찬히 읽어 보세요!

1. 다음은 혼합물에 대한 설명입니다. 글을 읽고 빈칸에 알맞은 말을 써 넣으세요.

   혼합물은 (㉠) 이상의 물질이 섞여 있습니다. 혼합물에 들어 있는 각 성분의 특성을 이용하면 필요한 성분만 (㉡)할 수 있습니다. 들깨를 수확할 때는 알갱이의 (㉢)를 이용해 들깨줄기에서 알곡을 (㉡)합니다.

   ㉠ _____ , ㉡ _____ , ㉢ _____

2. 다음 중 여과 방식을 사용해 혼합물을 분리하는 사례가 아닌 것을 고르세요.

   ① 데운 우유에 식초를 넣은 뒤 단백질이 엉기면 면보에 걸러 치즈만 남김.
   ② 모래가 섞인 소금을 물에 녹여 필터에 거르면 소금물만 통과함.
   ③ 녹찻잎을 따뜻한 물에 우려 필터에 녹찻잎을 걸러 내고 마심.
   ④ 바닷물을 햇빛에 말려 수분을 증발시키면 소금이 남음.
   ⑤ 커피원두를 필터에 넣고 따뜻한 물을 부어 커피찌꺼기를 걸러 내고 마심.

한 줄 글쓰기! 대부분의 바늘은 자석에 붙는 소재로 이루어져 있습니다. 모래사장에서 바늘을 찾을 수 있는 방법을 제안해 봅시다.

_____

배경지식을 쌓는 과학 이야기 08

탄산음료 한 캔에 각설탕 6개가 녹아 있어요

"탄산음료를 많이 먹으면 안 돼. 너무 달아서 건강에 좋지 않아."라는 말을 들어 본 적이 있나요? 탄산음료 한 캔에는 설탕과 같은 당류가 25g 이상 들어 있습니다. 각설탕 1개의 무게가 약 4g 정도이니 6개 정도 들어 있는 셈이지요. 탄산음료 한 캔이 각설탕 6개를 먹은 것과 동일하다니 어른들의 걱정도 이해가 가네요.

설탕이 탄산음료에 녹아 있던 것처럼 한 물질이 다른 물질에 녹아 골고루 섞이는 현상을 '용해'라고 합니다. 용해는 '녹을 용(鎔)', '풀 해(解)'를 써서 완전히 녹아 풀어진 것을 의미해요. 핫초코가루를 우유에 타면 갈색으로 변해 녹은 것처럼 보이지만 가만히 두면 핫초코가루가 아래쪽에 가라앉습니다. 이것은 가루가 녹아 풀어진 것이 아니라 우유 사이사이를 둥둥 떠다니다가 가라앉은 것으로, 용해된 것이 아닙니다. 미숫가루 음료나 생과일주스도 가만히 두면 가루가 가라앉거나, 과육 부분과 물 부분의 층이 나눠지므로 용해된 것이라고 보기 어렵습니다.

반면, 물에 설탕을 한 스푼씩 넣고 저어 설탕 알갱이가 녹으면, 달콤한 맛이 나고 가만히 두었을 때 가라앉는 알갱이가 없습니다. 물에 설탕 알갱이가 온전히 풀어져 용해된 것입니다. 이때 설탕처럼 녹는 물질을 '용질', 물처럼 설탕을 녹이는 물질을 '용매', 설탕물처럼 완전히 용해되어 만들어진 액체를 '용액'이라고 합니다. 용액은 균일 혼합물 중 액체로 된 것을 말해요.

우유는 균일한 혼합물인 용액일까요? 우유는 컵에 따라 10분 정도 두어도 특별히 가라앉는 물질이 없기 때문에 균일한 혼합물이라 오해하기도 합니다. 하지만, 우유를 컵에 따라 하루 정도 방치하면 위에 흰 막이 생기고, 막을 스푼으로 건져 낼 수 있을 정도로 분리된답니다. 이 막은 우유 속 지방으로, 우유를 현미경으로 들여다보면 지방끼리 모여 둥둥 떠다니고 있어요. 즉, 우유는 고르게 섞이지 않았기 때문에 용액으로 분류하지 않습니다.

　설탕과 소금처럼 용해가 잘되는 물질이어도 용매에서 무한정 녹는 것은 아닙니다. 한 숟가락씩 녹이다 보면, 어느 순간 설탕이나 소금이 녹지 않고 아래쪽에 가라앉습니다. 일정량의 용매에 녹일 수 있는 용질의 양에 한도가 있기 때문입니다.

　그럼 조금 더 녹일 방법이 없을까요? 물의 온도가 올라가면 물을 이루는 입자의 움직임이 활발해져서 용질과 더 잘 섞입니다. 그래서 커피나 차를 끓일 때 따뜻한 물을 사용합니다. 아이스 음료를 만들 때도 먼저 따뜻한 물에 가루를 잘 녹인 뒤에 얼음을 넣어 식히지요.

　용질마다 물에 녹는 양이 다릅니다. 물에 잘 용해되는 물질도 있고, 덜 용해되는 물질도 있어요. 소금과 설탕도 비슷해 보이지만 물에 녹는 양이 다르답니다. 컵 두 개에 같은 양의 물을 담고 설탕과 소금을 한 스푼씩 넣어 녹여 보세요. 소금이 더 이상 녹지 않아 가라앉는데, 설탕은 한참 더 녹일 수 있어요. 설탕이 소금보다 물에 더 많이 녹는 용질입니다.

　용액이 진해질수록 맛이 더 강하거나 색이 진합니다. 진한 용액은 용액 위에 물체를 띄우는 힘인 '부력'도 강해집니다. 사해는 지중해 인근의 호수로, 소금기가 매우 많고 다른 바다와 성분이 달라 생물이 살기 어렵습니다. 지중해에서 흘러 들어간 바닷물이 호수에 고였는데, 무더운 기후로 계속 증발해 다른 바다보다 몇 배나 진한 바닷물이 되었기 때문입니다. 덕분에 사해에서는 수영을 못하는 사람도 물에 둥둥 뜨는 진기한 경험을 할 수 있답니다. 바닷물의 소금기가 많아 부력이 더 강력해진 것이지요.

어휘 확장

이 어휘를 통해 문해력이 더 깊어질 수 있어요!

- **당류** : 단맛이 있는 탄수화물. 설탕, 과일, 꿀 등에 들어 있는 단맛을 말한다. 성인 기준 하루 50g 이내로 먹기를 권장한다.
- **용해** : 한 물질이 다른 물질에 녹아 골고루 섞이는 현상.
- **용질** : 다른 성분에 녹아 있는 물질.
  ❶ 보통 가루로 된 고체를 말하지만, 액체끼리 섞인 용액의 경우 양이 작은 쪽을 용질, 양이 많은 쪽을 용매라고 부릅니다.
- **용매** : 용질을 녹이는 물질. 주로 액체나 기체 상태이다.
- **용액** : 여러 물질이 균일하게 섞여있는 액체 혼합물. 용액의 어느 부분을 덜어도 포함된 성분이 같아야 한다.
- **한정** : 수량이나 범위 따위를 제한하여 정함.
- **무한정** : 없을 무(無)+한정. 수량이나 범위를 제한하지 않음.
- **한도** : 수량이나 범위가 한정된 정도.
- **부력** : 기체나 액체 속에 있는 물체가 위로 뜨려는 힘.
- **사해** : 아라비아반도 서북쪽에 있는 호수. 세계의 호수 중 가장 낮은 곳에 있다. 염분이 바닷물의 다섯 배만큼 진해서 세균과 일부 식물을 제외한 생물이 살 수 없다.
- **진기한** : 보기 드물게 귀하고 기묘한.

근데 잠깐만! '**용해**'라는 말은 무슨 뜻이라고 했더라?

민재에게 이 과학 개념을 설명해 주세요.
민재야, '**용해**'는

글을 잘 읽고 이해했는지 확인해 봅시다.

문제를 풀며 글을 한 번 더 찬찬히 읽어 보세요!

※ (1~2). 글을 읽고 혼합물을 다음과 같이 분류했습니다.

1. 빈칸에 알맞은 개념을 적어 보세요. (잘 모르겠다면 46, 51쪽을 다시 읽어 보세요.)

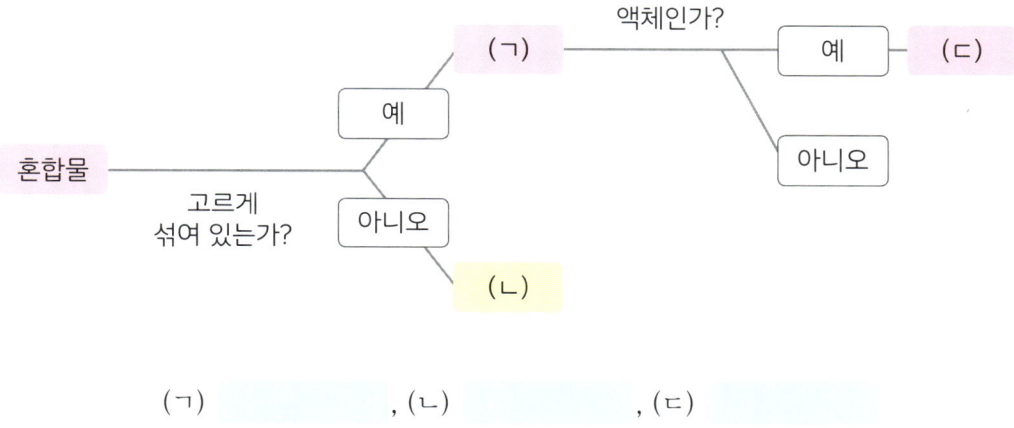

(ㄱ) _____, (ㄴ) _____, (ㄷ) _____

2. 다음 중 (ㄷ)에 해당되는 혼합물을 고르세요.
   ① 우유　　　　② 비빔밥　　　　③ 공기
   ④ 흙탕물　　　⑤ 설탕물

탄산음료는 물에 당류(설탕 등)와 이산화탄소가 용해된 용액입니다. 탄산음료의 용질과 용매가 각각 무엇인지 한 줄로 적어 봅시다.

_____

 배경지식을 쌓는 과학 이야기 09

물 때문에 콜레라에 걸린다고요?

전 세계 인구의 4분의 1인 20억 명이 깨끗한 물을 쓰지 못한다는 이야기를 들어 봤나요? 더러운 물마저도 부족해 매일 먼 거리를 걸어 물통에 물을 긷는 사람들도 많습니다. 먼 나라의 이야기라고 하기에는 우리나라도 물이 충분하지 않습니다. 1년에 한 사람이 쓸 수 있는 물의 양이 1700톤 미만인 나라를 '물 부족 국가', 혹은 '물 스트레스 국가'라고 해요. 우리나라는 1400톤의 물을 가지고 있어 물 부족 국가로 분류되고, 수질 오염으로 사용할 수 있는 물의 양이 점점 줄어들고 있습니다.

우리가 사용하고 난 물은 어디로 갈까요? 사용한 물을 '하수'라고 합니다. 하수를 그대로 방류하면 다른 물도 사용할 수 없게끔 오염시키기 때문에, 깨끗하게 정수한 후 자연으로 내보냅니다. 하수를 깨끗하게 바꾸는 일을 '하수를 처리한다'고 이야기해요.

우리나라의 하수 처리 과정은 다음과 같습니다. 하수 처리장에 모인 물을 가만히 두어 오염 물질을 가라앉힙니다. 동시에 눈에 보이는 오염 물질을 체에 걸러 제거합니다. 1차로 걸러진 물에 미생물을 풀어 눈에 보이지 않는 유기물을 분해시킵니다. 미생물에 의해 유기물이 분해된 물은 다시 오염 물질을 가라앉힌 후 제거합니다. 이후 필터에 물을 통과시켜 다시 한 번 거른 후, 소독 설비를 이용해 혹시나 남아 있는 세균을 제거하고 강이나 바다로 내보냅니다. 이처럼 여러 단계의 하수 처리 과정을 거쳐 일정 기준을 충족한 물만 정해진 구역에 방류하고 있답니다. 오염된 물을 정화하는 과정은 이전에 배운 혼합물의 분리 과정과 비슷하지요? 더러운 물에서 불순물을 분리해 깨끗한 물만 남기는 것이지요.

우리가 사용하는 물은 어디서 오는 걸까요? 강이나 댐 근처에는 '상수원 보호 구역'

이라는 표지판이 세워져 있습니다. '상수'란 우리가 사용할 수 있는 깨끗한 물을 말합니다. 하수 처리 후 방류하는 구역과 구분해 상수원이 오염되지 않게 따로 보호하고 있어요. 상수원에서 끌어올린 물을 여러 차례 여과하여 깨끗하게 정수한 다음에 각 가정으로 보낸답니다. 수도꼭지와 연결된 수도를 '상수도'라고 하고, 변기나 세탁기, 혹은 하수구와 연결된 수도를 '하수도'라고 합니다.

상수도와 하수도를 구분하고 나서 사람들은 여러 질병을 예방하게 되었습니다. 옛날에는 사람들이 물로 인해 병에 걸릴 수 있다는 걸 몰랐어요. 그래서 사람들이 배출한 물을 그대로 펌프로 퍼서 다시 썼습니다. 그러다 1850년대 영국에서는 수만 명이 콜레라로 사망했습니다. 당시 사람들은 나쁜 악취 때문에 감염병이 퍼진다고 생각했어요. 그런데 의사 존 스노우가 콜레라에 걸린 사람들의 집이 같은 펌프에 연결된 것을 발견합니다. 이후 콜레라에 걸린 사람들을 추적해 보니 콜레라에 걸린 사람이 배출한 분뇨와 근처에 있던 저수지 물이 섞이며 펌프를 따라 콜레라균이 퍼졌다는 것을 알게 되었어요. 이후 영국은 상하수도 시스템을 대대적으로 고쳐 오염된 물이 강으로 들어가지 않도록 했습니다.

우리나라도 1960년대부터 상하수도를 정비했습니다. 지금은 수도꼭지를 열어 물을 쓰지만 불과 60여 년 전만 해도 우물에서 물을 긷고 집 밖에 구덩이를 만들어 분뇨를 모았답니다. 그래서 과거에 우리나라는 기생충 왕국으로 불렸을 정도로 사람들의 몸에 기생충이 많았어요. 그런데 상수도와 하수도를 분리하면서 사람의 분변으로 나온 기생충이 다시 음식으로 들어가지 않게 되고, 다 같이 회충약을 복용해 기생충을 박멸했습니다.

깨끗한 물을 사용하는 것만으로도 감염병을 예방할 수 있습니다. 상수도와 하수도를 구분해서 사용하는 것은 물론, 물의 배출과 사용 모두 깨끗하게 관리해야 하는 이유입니다.

어휘 확장

이 어휘를 통해 문해력이 더 깊어질 수 있어요!

- **물 부족 국가** : 물 스트레스 국가. 1인당 연간 사용 가능한 물이 1000~1700톤인 국가.
  ❗ 1000톤 미만인 국가는 '물 기근 국가'라고 합니다.
- **하수** : 빗물이나 집, 공장, 병원에서 쓰고 버리는 더러운 물.
- **하수도** : 하수+길 도(道). 하수가 흘러가도록 관으로 만든 길.
- **하수 처리** : 수질 오염을 줄이기 위해 하수에 들어 있는 오염 물질을 정화하는 일.
- **미생물** : 눈으로 볼 수 없는 작은 생물. 생태계에서 분해자 역할을 하는 생물로 하수 처리 과정에서 오염 물질을 분해한다.
- **분해** : 합쳐져 있는 것을 낱낱으로 나눔.
- **정화** : 더러운 것을 깨끗하게 함.
- **상수** : 먹는 물이나 씻는 데 쓰는 맑은 물.
- **상수도** : 상수+길 도(道). 상수를 관을 통해 보내는 길.
- **방류** : 모아서 가두어 둔 물을 흘려보냄.
- **정수** : 물을 깨끗하고 맑게 함.
- **콜레라** : 콜레라균에 의해 걸리는 병. 구토와 설사로 인해 탈수 증상을 보인다.
- **분뇨** : 대변 분(糞), 오줌 뇨(尿). 대소변.
- **기생충** : 다른 동물체에 붙어서 양분을 빨아먹고 사는 벌레. 몸에 기생충이 있으면 양분을 제대로 흡수하지 못한다.
- **감염병** : 미생물이 옮아 걸릴 수 있는 병.
  ❗ 과거에는 전염병이라고 불렀으나 전염이 잘되지 않는 병임에도 사람들이 두려워해서 2010년부터 보건복지부는 전염병을 '감염병'이라는 용어로 바꾸어 사용하도록 했습니다.

근데 잠깐만! '**물 부족 국가**'라는 말은 무슨 뜻이라고 했더라?

민재에게 이 과학 개념을 설명해 주세요.
민재야, '**물 부족 국가**'는

 글을 잘 읽고 이해했는지 확인해 봅시다.

문제를 풀며 글을 한 번 더 찬찬히 읽어 보세요!

1. 빈칸에 들어갈 단어가 알맞게 짝지어진 것을 고르세요.

    우리가 사용하는 물은 _____ 입니다. 강의 상류에서 끌어온 물을 여러 차례 _____ 하여 깨끗하게 사용합니다.

    ① 상수 - 하수 처리
    ② 상수 - 정수
    ③ 하수 - 정수
    ④ 하수 - 하수 처리

2. 다음은 하수 처리 과정을 설명하고 있습니다. 밑줄 친 단계에서 사용된 혼합물 분리 방식은 무엇인가요?

    > 하수 처리장에 모인 물을 가만히 두어 오염 물질을 가라앉힙니다. 동시에 눈에 보이는 오염 물질을 체에 걸러 제거합니다. 1차로 걸러진 물에는 미생물을 풀어 눈에 보이지 않는 유기물을 분해시킵니다. 미생물에 의해 유기물이 분해된 물은 다시 오염 물질을 가라앉힌 후 제거합니다. <u>이후 필터에 물을 통과시켜 다시 한 번 거른 후,</u> 소독 설비를 이용해 혹시나 남아 있을 세균을 제거하고 강이나 바다로 내보냅니다.

    답 _____

 감염병을 예방하기 위해 할 수 있는 일을 떠올려 한 줄로 적어 봅시다.
_____

배경지식을 쌓는 과학 이야기 ⑩

회에 레몬즙을 뿌리는 이유는 뭘까요? 산성과 염기성

회를 먹을 때 생선회와 함께 레몬 한 조각이 있는 것을 본 적 있나요? 레몬즙을 꾹 짜서 회 위에 뿌려 먹으면 생선의 비린내가 줄어든답니다. 레몬즙의 신맛으로 비린내를 가리는 것이 아니라, 용액의 성질을 이용해 비린내의 원인을 줄였어요.

용액의 성질은 크게 산성과 염기성, 중성으로 분류합니다. 레몬즙, 식초, 김치, 요구르트 등 주로 신맛을 내는 물질을 '시큼할 산(酸)'을 써서 '산성' 물질이라고 합니다. 산성 물질은 다른 물질을 녹이기 쉽습니다. 우리 몸에서 소화를 담당하는 위액도 음식을 녹여 소화시키는 강한 산성입니다. 또 콜라나 커피는 약한 산성으로 치아 표면을 녹여 부식시킨답니다. 그래서 탄산음료를 마신 뒤에는 입을 헹궈야 하지요.

산성 물질은 대리석을 녹이기도 합니다. 로마는 이탈리아 북부에서 많이 나는 대리석으로 건물의 표면을 장식하거나 조각상을 세웠습니다. 대리석의 무늬가 밝고 아름다워 장식용으로 적합했기 때문입니다. 현재까지 남아 있는 로마의 유물과 유적 중에도 대리석으로 된 예술품이 많습니다. 그러나 실외에 설치된 예술품들은 시간이 지날수록 표면이 뭉개졌습니다. 하늘에서 내리는 비에는 공기 중의 이산화탄소가 녹아 있어 약한 산성을 띄기 때문입니다. 대리석 예술품의 표면은 비를 맞아 조금씩 부식되었습니다. 특히 석유나 석탄 같은 화석 연료를 많이 사용하면서 공기 중 이산화탄소가 급격히 늘어났고 산성비의 농도가 진해져 대리석 예술품들이 급속도로 부식되었습니다. 최근에는 예술품을 보호하기 위해 투명한 보호막을 씌우거나 코팅제를 바르기도 합니다.

산성과 반대로 비눗물이나 샴푸처럼 미끈거리고 쓴맛을 내는 물질을 '염기성' 물질이라고 합니다. 산성과 반응해 물과 염을 내놓기 때문에 염기성이라고 부른답니다. 알칼리성이라고도 하지요.

염기성 물질은 단백질과 지방(기름)을 녹입니다. '공짜라면 양잿물도 마신다'는 속담을 들어 본 적이 있나요? 잿물은 짚이나 나무를 태우고 남은 재를 우려낸 염기성 물질로, 빨래할 때 얼룩을 지우기 위해 주로 사용했습니다. 얼룩은 보통 단백질과 기름으로 이루졌는데, 염기성 물질을 만나면 녹기 때문입니다. 이후 잿물 대신 서양에서 들여온 수산화나트륨을 사용하게 되었고, 이를 서양에서 들여온 잿물이라 하여 '양잿물'이라는 별명으로 불렀답니다. 청소나 빨래에 쓰는 세제들은 대부분 염기성 물질입니다. 화장실의 하수구가 막혔을 때 락스를 부어 두면 하수구가 뚫립니다. 락스가 염기성 용액이어서 단백질로 된 머리카락과 때를 녹이기 때문입니다.

산성도 염기성도 아닌 중간을 '중성'이라고 합니다. 산성과 염기성을 섞으면 중성이 될 수 있습니다. 산성 물질에 염기성 물질이 섞이면 산성이 약해지고 염기성 물질에 산성이 섞이면 염기성이 약해지지요. 물질의 성질을 이용해 생활 속 문제를 해결하기도 합니다.

화장실에 밴 소변 냄새는 소변의 암모니아 성분 때문에 생깁니다. 암모니아는 염기성으로 식초나 구연산 같은 산성 물질을 뿌리면 염기성의 성질이 줄어들어 냄새가 나지 않는답니다. 생선 비린내를 만드는 물질도 염기성으로 식초나 레몬즙이 지닌 산성을 섞으면 염기성이 약해지면서 냄새가 덜 나지요. 회에 레몬즙을 뿌리고, 생선 비린내가 밴 도마를 식초로 씻는 것도 같은 이유랍니다.

땅이 산성화되면 미생물의 활동이 줄어들어 식물이 잘 자라지 않습니다. 그래서 산성화된 토양에는 염기성인 석회 가루나 달걀 껍질을 뿌리기도 합니다. 산성화된 토양에 염기성 물질을 섞어 중성으로 만드는 것이지요.

어휘 확장

이 어휘를 통해 문해력이 더 깊어질 수 있어요!

- **산성** : 물에 녹았을 때 수소농도지수(pH)가 7보다 낮은 물질. 신맛을 내기 때문에 '시큼할 산(酸)'자를 사용한다.
- **염기성** : 알칼리성. 수소농도지수(pH) 7보다 높은 물질. 아랍어로 식물이 타고 남은 재를 의미하는 '알낄리'에서 유래한 말로, 산성과 반응해서 산성을 줄이고 염을 만들어 낸다.
- **중성** : pH가 7인 물질.
- **부식** : 썩어서 문드러짐. 산성이나 염기에 의해 손상이 일어남.
- **대리석** : 석회암이 높은 온도와 센 압력을 받아 변형된 돌.
- **유물** : 선대의 인류가 후대에 남긴 물건.
  - ❗ 유적 : 남아 있는 자취. 건축물이나 싸움터 등을 말합니다.
- **농도** : 용액의 진함과 묽음의 정도.
- **반응하다** : 물질의 성질이나 구조가 바뀌다. 산성과 염기성 물질이 만나 변화가 생겼다.
- **염** : 소금.
- **단백질** : 근육, 머리카락 등 생물을 구성하고 있는 물질.
- **암모니아** : 질소와 수소의 화합물. 자극적인 냄새가 나는 기체이며, 물에 녹은 암모니아를 암모니아수라고 한다.
- **구연산** : 물에 잘 녹고 신맛이 나는 물질.
- **산성화** : 산성으로 변함.
- **석회** : 석회석을 태운 후 물을 부어 만드는 물질. 물에 녹이면 석회수가 된다.
  - ❗ 탄산칼슘 : 석회석이나 대리석, 달걀 껍질에 들어 있는 성분. 염기성 물질입니다.

근데 잠깐만!
'중성'이라는 말은 무슨 뜻이라고 했더라?

민재에게 이 과학 개념을 설명해 주세요.
민재야, **'중성'**은

글을 잘 읽고 이해했는지 확인해 봅시다.

문제를 풀며 글을 한 번 더 찬찬히 읽어 보세요!

1. 다음 중 산성 물질을 골라 동그라미 치세요.

    레몬즙, 비눗물, 물, 샴푸, 김치, 식초, 요거트, 양잿물, 락스, 커피, 콜라, 위액, 수산화나트륨, 암모니아, 석회, 구연산, 달걀껍질, 비

2. 다음 중 염기성 물질에 대해 **옳지 않게** 말한 사람을 고르세요.

    윤설 염기성 물질은 쓴맛이 나는 경우가 많아.
    우현 맞아. 또 미끈거리는 촉감으로도 구분할 수 있어.
    지아 강한 염기는 만지거나 맛보는 것도 위험할 수 있으니 푸른 리트머스 종이로 구분해야 해. 푸른 리트머스 종이를 붉게 만들지.
    정아 염기성 물질로 분류된 것들을 보니 비누나 세제가 많아.

    답 _____

염기성 물질은 페놀프탈레인 용액의 색을 변화시킵니다. 페놀프탈레인 용액이 염기성 물질에서 어떻게 색이 변하는지 온라인에서 검색해 한 줄로 적어 봅시다.

 배경지식을 쌓는 과학 이야기 ⑪

최초의 불은 어떻게 발견했을까요?

　최초의 불은 어떻게 발견했을까요? 그리스 신화처럼 프로메테우스가 신들에게서 불을 훔쳐 인간에게 전해 주었을까요? 기록은 남아 있지 않지만, 낙뢰로 인한 산불을 처음 발견하지 않았을까 추정합니다. 지금도 캐나다나 미국, 호주 등 건조한 지역에서는 낙뢰로 인한 야생 산불(wildfire)이 자연적으로 일어나기 때문입니다. 번개의 온도는 태양 표면 온도의 4배가 넘어, 건조한 나무나 식물이 낙뢰를 맞아 불이 붙습니다. 온도가 올라가면서 불이 붙는다니 무슨 소리일까요?

　물질이 빛과 열을 내면서 타는 현상을 '연소'라고 합니다. 깜깜한 방 안에서 촛불을 켜면 빛이 나며 주변이 밝아집니다. 또, 촛불 주변에 손을 가까이 대면 열기가 느껴지지요. 이렇게 물질이 타려면 세 가지 조건을 모두 만족해야 합니다.

　연소의 첫 번째 조건은 발화점 이상의 온도입니다. 물질이 스스로 타기 시작하는 온도를 발화점이라고 합니다. 낙뢰로 인해 산불이 나는 것은 낙뢰를 맞아 발화점 이상의 온도가 되었기 때문입니다. 초기 인류는 불을 만들기 위해 나무판 위에 나뭇가지를 마찰시켜 온도를 올리곤 했습니다. 보통 450℃ 이상이 되어야 불이 붙으니, 과거 인류가 불을 얻기 위해 얼마나 열심히 마찰시켰을지 상상이 되는지요. 참, 성냥은 살짝만 마찰시켜도 불이 붙는데, 이것은 불을 쉽게 지피기 위해 발화점이 낮은 물질들을 섞어 성냥 끝에 발랐기 때문입니다. 그래서 발화점 이상의 온도에 쉽게 도달할 수 있지요.

　연소의 두 번째 조건은 산소입니다. 아궁이에 불을 지필 때 약한 부채질을 하거나, 숯에 불을 붙일 때 바람이 잘 통하게 하는 것은 모두 산소를 공급해 주는 일입니다. 산소가 없으면 불이 꺼지기 때문에 이불을 덮거나 모래를 뿌려 산소를 차단해 불을 끄기도 합니다. 그렇다면 생일 촛불 앞에서 입으로 바람을 불면 왜 촛불이 꺼질까요? 숯에 불을 붙이기 위해 바람을 일으키는 것과 무엇이 다른지 생각해 보세요. 불을 지필 때는 부채질을 작게 해 공기를 슬슬 불어넣는다면, 불을 끌 때는 한 번에 '훅'하고 세게 붑니다. 이때 센 바람이 한 번에 이동하면서 촛불 주변의 산소가 밀려나 불이 꺼진답니다. 불을 지필 때도 한 번에 큰 바람을 일으키면 불이 꺼지고 말아요.

연소의 마지막 조건은 탈 물질입니다. 양초가 탈 때 심지가 타는 것일까요, 겉의 파라핀이 타는 것일까요? 심지 근처에 불이 붙어 심지가 타는 것처럼 보이지만, 양초의 파라핀이 모두 녹으면 불이 꺼지니 무엇이 타는 건지 알쏭달쏭합니다. 양초는 고체 파라핀이 녹아 액체가 되어 심지를 따라 올라갑니다. 심지 끝에 도착한 액체 파라핀은 촛불의 열 때문에 70℃만 되어도 심지 주변에서 기체로 변하고, 기체 파라핀이 연소되기 시작합니다. 그래서 고체인 양초에는 불이 옮겨 붙지 않습니다. 보기에는 심지만 타는 것 같지만 심지는 불을 붙여 불꽃을 만드는 역할을 하고 기체 파라핀은 연료로서 불꽃을 유지하는 역할을 합니다. 즉 양초의 탈 물질은 기체 파라핀이라고 하는 편이 낫겠지요.

연소를 위해서는 탈 물질, 산소, 발화점 이상의 온도가 모두 갖춰져야만 합니다. 거꾸로 말하면 불을 끄기 위해서는 연소의 세 가지 조건 중 하나만 없어도 됩니다. 그렇다면 생각해 봅시다. 기름에 불이 붙으면 잘 꺼지지 않지요. 만약 땅에 기름이 묻힌 유전에 불이 나면 어떻게 해야 할까요? 차가운 물을 뿌려 온도를 낮추기에는 기름과 물이 섞이지 않아 불이 거세지고, 지역 전체에 이불을 덮어 산소를 막을 수도 없습니다. 흥미롭게도 유전 화재에는 폭탄을 써서 끕니다. 1991년 쿠웨이트 유전 화재에서는 다이너마이트를 터뜨려 순간적으로 주변의 산소를 모두 사용해 산소를 차단했답니다. 화끈한 맞불 작전입니다.

어휘 확장

이 어휘를 통해 문해력이 더 깊어질 수 있어요!

- **프로메테우스** : 고대 그리스 신화에 등장하는 인간을 아꼈던 신. 인류에게 불을 가져다주었다가 제우스의 노여움을 사 독수리에게 간이 매일 쪼아 먹히는 형벌을 받았다.
- **번개** : 구름과 구름, 구름과 지표면 사이에서 전기적 현상으로 만들어진 불꽃.
- **낙뢰** : 벼락. 번개가 땅으로 떨어지는 현상.
- **연소** : 물질이 빛과 열을 내며 타는 현상.
  - ❶ 소화 : 없앨 소(消), 불 화(火). 불을 끔.
- **발화점** : 불이 붙기 시작하는 최저 온도. 발화점보다 온도가 높아야 불이 붙는다.
- **아궁이** : 방이나 솥에 불을 때기 위해 만든 구멍.
- **산소** : 공기의 주성분. 냄새와 색이 없는 기체. 생물이 호흡할 때 필요하며, 연소할 때는 산소가 꼭 필요하다.
- **파라핀** : 양초에 사용되는 흰색의 반투명한 고체. 70℃ 이상이 되면 기체로 변한다.
- **심지** : 양초에 불을 붙이기 위해 꼬아서 꽂은 실이나 헝겊.
- **유전** : 석유가 나는 곳.
- **다이너마이트** : 스웨덴의 노벨이 발명한 폭발약.
  - ❶ 노벨상은 다이너마이트로 큰돈을 벌게 된 노벨이 증여한 기금에서 시작되었습니다.

근데 잠깐만!
'연소'라는 말은 무슨 뜻이라고 했더라?

민재에게 이 과학 개념을 설명해 주세요.
민재야, **'연소'**는

진짜 읽기

글을 잘 읽고 이해했는지 확인해 봅시다.

문제를 풀며 글을 한 번 더 찬찬히 읽어 보세요!

1. 다음 중 연소의 조건끼리 짝지어진 것을 고르세요.

   ㄱ. 산소   ㄴ. 이산화탄소   ㄷ. 발화점 이상의 온도   ㄹ. 탈 물질   ㅁ. 바람   ㅂ. 불꽃

   ① ㄱ, ㄴ, ㄹ
   ② ㄱ, ㄷ, ㄹ
   ③ ㄷ, ㄹ, ㅁ
   ④ ㄱ, ㄹ, ㅂ
   ⑤ ㄴ, ㄷ, ㄹ

2. 불을 끌 때는 연소의 조건 중 하나 이상을 제거합니다. 다음 중 제거한 연소의 조건이 다른 하나는 무엇인가요?

   ① 케익 위의 초를 입으로 세게 불어 끔.
   ② 유전에 화재가 나면 폭탄을 터뜨려 불을 끔.
   ③ 이산화탄소 소화기로 화재가 난 곳을 덮어 불을 끔.
   ④ 불이 난 곳에 차가운 물을 뿌려 불을 끔.
   ⑤ 알코올램프의 뚜껑을 덮어 불을 끔.

한 줄 글쓰기!

과학실에서 양초가 넘어져 불이 났습니다. 불을 끌 수 있는 여러 가지 방법을 생각하고, 연소의 조건 중 무엇과 관련 있는지 적어 보세요.

배경지식을 쌓는 과학 이야기 12

산불도 폭우도 지구 온난화 때문이라고요?

최근 들어 산불이 심각한 환경 문제로 떠오르고 있습니다. 캐나다에서는 2024년 한 해에만 축구장 2800만 개에 해당하는 면적이 불탔습니다. 그리스에서는 70건이 넘는 산불이 동시에 일어났지요. 지난 20년 동안 극심한 산불이 2배 이상 늘었고, 산불 연기로 인한 사망자가 50년 사이 19배 늘어났습니다. 전 세계적으로 산불이 많아지고 거세진 이유는 무엇일까요?

산불의 주요한 원인으로 '지구 온난화'를 꼽을 수 있습니다. 지구 온난화는 영어로 global warming이라고 하며, 장기간에 걸쳐 지구 표면의 평균 온도가 상승하는 현상을 말합니다.

지구는 거대한 온실처럼 지구의 대기층이 태양의 복사열을 일부 보관하고 있습니다. 한낮에 들어온 태양 에너지는 다시 지구 밖으로 나가는데 지구의 공기층, 그러니까 대기가 태양의 복사열을 일부 가두면서 지표면을 데우고 기온을 일정하게 유지시키는 것이지요. 지구보다 대기층이 얇은 화성은 밤과 낮의 기온차가 60℃까지 벌어지는 반면, 지구에서는 태양 복사열이 보존되면서 밤과 낮의 기온차가 10~20℃ 안팎으로 유지된답니다. 이렇게 온실 효과를 만드는 기체로는 수증기와 이산화탄소, 메탄 등이 있습니다.

그런데 18세기 중반부터 온실 효과가 더욱 강해졌습니다. 증기 기관의 개발을 필두로 산업 혁명이 시작되면서 석탄이나 석유와 같은 화석 연료를 연소시켜서 에너지를 얻었습니다. 물질이 연소된 후에는 이산화탄소와 물이 만들어지는데, 화석 연료를 연소시켜 에너지를 얻었으니 이산화탄소, 메탄 등의 온실가스 또한 많아진 것이지요. 태양 복사열을 가두는 온실가스가 많아지며 지구의 평균 온도가 올라갔습니다. 110년 전 과학자 아레니우스가 화석 연료 사용량이 크게 늘어나는 것을 보고 이대로라면 지구의 온도가 크게 올라갈 것이라고 주장했는데 그 주장이 사실이 된 셈입니다.

지구 온난화와 산불은 무슨 관련이 있을까요? 지구의 기온이 오르면서 토양과 식물이 건조해졌습니다. 바싹 말라 죽은 나무들은 작은 불꽃에도 순식간이 불이 옮겨 붙습니다. 동시에 폭우나 폭설도 많아졌습니다. 수분을 많이 빨아들인 대기는 일정 수준을 넘으면 물 폭탄을 쏟아 냅니다. 인간이 관리할 수 있는 수준의 야생 산불과 비가 아니라 대형 화재와 폭우가 일어나 인명 피해가 생기고 있지요.

연소로 인해 이산화탄소가 만들어진다는 것을 기억한다면, 산불의 연소로 대기 중에 이산화탄소가 폭발적으로 늘어날 것이라는 걸 예상할 수 있습니다. 과거에는 숲의 식물들이 광합성을 하면서 이산화탄소를 흡수해 대기 중 온실 기체의 양이 크게 늘지 않았습니다. 그런데 숲이 타면서 이산화탄소 흡수량도 줄어들었습니다. 즉 산불로 인해 이산화탄소 배출량이 크게 늘었는데 식물이 흡수하는 양은 줄어드니 지구 온난화는 더 심각해집니다. 이로 인해 다시 큰 산불로 이어지는 악순환이 되는 것이지요.

이쯤 되니 이산화탄소가 큰 문제처럼 여겨지지만, 이산화탄소 자체가 유독 가스처럼 문제만 일으키는 것은 아닙니다. 이산화탄소 덕에 태양의 복사열을 보존하니까요. 다만, 지구가 자연스럽게 흡수하는 양보다 지나치게 많이 배출하는 것이 문제입니다. 그래서 많은 사람들이 '탄소 중립' 캠페인을 펼쳐 이산화탄소 배출량과 흡수량을 동일하게 만들자고 주장합니다. 화석 연료를 태워 에너지를 얻는 대신 재생 에너지를 쓰고, 숲이나 습지를 많이 가꾸어서 이산화탄소의 흡수량을 늘리자는 것입니다. 산불과 지구 온난화의 악순환을 끊기 위해 탄소 중립을 실천해 보는 것은 어떨까요?

 **어휘 확장** 이 어휘를 통해 문해력이 더 깊어질 수 있어요!

- **지구 온난화** : global warming. 지구의 기온이 높아지는 현상.
  ❶ 2018년 기후 변화에 관한 정부 간 협의체에서는 지구 평균 기온이 1.5℃ 이상 상승하면 폭염, 산불, 태풍, 홍수와 같은 이상 기후가 나타날 것이라고 예상했습니다.
- **온실** : 난방 장치를 한 방.
  ❶ 온실 효과 : 대기 중의 온실 기체가 태양 복사열을 흡수하여 지표면의 온도를 높게 유지하는 것을 말합니다.
- **복사열** : 지구가 태양으로부터 받는 열. 태양열이 지구의 표면에 직접 도달한다.
- **증기 기관** : 보일러에서 보낸 증기가 피스톤을 왕복 운동시켜서 힘을 얻는 기관.
- **산업 혁명** : 18세기 후반부터 100년 동안 유럽에서 일어난 사회 변화. 산업화가 되기 전에는 농사나 수공업으로 먹고 살았지만, 이후에는 자동화된 공장이 세워졌다. 화석 연료를 태워 에너지를 만들기 시작했다.
- **폭우** : 갑자기 강하게 쏟아지는 비.
- **폭설** : 갑자기 많이 내리는 눈.
- **인명 피해** : 사람이 생명을 잃거나 다침.
- **광합성** : 식물이 햇빛을 받아 공기 중 이산화 탄소와 수분으로 양분을 만들어 냄. 광합성을 할 때 이산화탄소를 흡수한다.
- **유독 가스** : 독성이 있어 생물에 해가 되는 기체. 독가스.
- **탄소 중립** : 탄소를 배출하는 만큼 흡수해 실제 배출량을 0으로 만드는 일.

근데 잠깐만! '탄소 중립'이라는 말은 무슨 뜻이라고 했더라?

민재에게 이 과학 개념을 설명해 주세요.
민재야, **'탄소 중립'**은

진짜 읽기

글을 잘 읽고 이해했는지 확인해 봅시다.

문제를 풀며 글을 한 번 더 찬찬히 읽어 보세요!

1. 글을 읽고 지구 온난화에 대한 설명으로 옳지 않은 것을 고르세요.

   ① 산불 및 폭우 등 이상 기후의 원인이다.

   ② 온실 기체에는 수증기, 메탄, 이산화탄소 등이 있다.

   ③ 산불 이후 생기는 이산화탄소 때문에 더 심해지고 있다.

   ④ 화석 연료의 사용으로 온실 기체가 늘어나면서 문제가 되었다.

   ⑤ 지구 온난화의 주범인 온실 기체를 없애야 한다.

2. 지구 온난화를 줄이기 위한 탄소 중립 캠페인은 탄소의 실제 배출량을 0으로 만드는 데 목적이 있습니다. 실제 배출량을 0으로 만든다는 것이 무슨 의미인지 동그라미 안에 >, <, = 로 표시해 주세요.

   탄소 배출량 ◯ 탄소 흡수량

한 줄 글쓰기!

최근 우리나라에도 갑자기 강하게 비가 쏟아지는 일이 많습니다. 그 이유는 무엇인지 지구 온난화와 관련지어 한 줄로 써보세요.(74쪽 참고)

여름 꽃, 수국의 색이 다양한 이유는?

여름에 피는 파란 꽃, 수국을 본 적 있나요? 6~7월에 만개하는 파란빛 수국은 때로는 보랏빛이기도 하고 분홍빛이기도 합니다. 수국의 색은 품종마다 다른 것이 아니라 어디에서 자랐는가에 따라 달라집니다. 산성 토양에서 자란 수국은 파란색이나 보랏빛을 띠고, 염기성 토양에서 자란 수국은 붉은 빛을 띠지요. 하나의 수국에서도 여러 색의 꽃이 열립니다. 뿌리가 여러 방향으로 뻗어 나가며 어떤 뿌리는 염기성 토양을 만나고, 어떤 뿌리는 산성 토양을 만나기 때문입니다. 꽃이 자라는 토양의 산성과 염기성에 따라 수국의 색이 달라지니, 수국의 색을 보고 토양의 산성과 염기성을 알아볼 수도 있고 반대로 토양의 산성도를 조절해 원하는 수국의 색을 얻을 수도 있습니다.

수국처럼 꽃의 색소가 물질의 성질에 반응하는 식물들이 있어요. 과학자 보일은 강한 황산을 만드는 과정에서 황산 기체에 노출된 보라색 바이올렛 꽃을 물로 씻으려다 꽃의 색이 붉게 변하는 것을 보았습니다. 보라색 꽃의 색을 변화시킨 건 강한 황산, 즉, 산성일 거라고 생각했지요. 또, 프랑스 염색공들이 보라색 제비꽃 즙에 다른 물질을 섞어 빨간색이나 청록색을 만드는 것을 보고 산성에서 색이 변하는 식물 즙과, 염기성에서 색이 변하는 식물 즙이 각각 있다는 것을 깨닫습니다. 보일은 이 실험 결과들을 바탕으로 식물 즙으로 용액의 성질을 분류하는 방법을 정리했답니다. 바이올렛이나 제비꽃의 색소처럼 다른 용액과 만났을 때 용액의 성질을 알려 주는 액체들을 '지시약'이라고 합니다.

지시약마다 색상은 다르게 변화합니다. 보라색 제비꽃이나 적양배추처럼 보랏빛 식

더 깊은 배경지식이 궁금하다면?

물로 만든 지시약은 주로 산성 용액에서는 붉게, 염기성 용액에서는 녹색이나 노란색으로 변합니다. 또 다른 지시약인 페놀프탈레인 용액은 평소에는 투명한 상태인데, 산성 용액에는 아무 반응이 없다가 염기성 용액에서만 붉게 변합니다. 약한 산성에서 반응하는 지시약도 있고, 강한 산성에서만 반응하는 지시약도 있습니다. 지시약마다 색이 변하는 범위와 변하는 색상이 다르기 때문에 지시약을 사용하기 전에 이 지시약이 어떤 물질에 닿았을 때 색이 변하는지 변색 범위를 확인해야 합니다.

지시약을 쓸 때 더 진한 색 변화를 보고 싶어서 지시약을 많이 넣는 친구들도 있습니다. 하지만, 지시약을 많이 넣는다고 색이 더 진하게 변하지는 않아요. 오히려 지시약 때문에 용액의 성질이 변하면 제대로 관찰하기 어려우니 소량만 사용하는 것이 좋습니다.

과학 시간에 자주 쓰는 리트머스 시험지는 보일이 개발한 발명품입니다. 리트머스이끼에서 나온 용액에 종이를 담갔다가 말린 종이입니다. 산성 용액에 파란 리트머스 시험지가 닿으면 시험지가 붉게 변하고, 붉은 리트머스 시험지에 닿으면 시험지의 색 변화가 없습니다. 반대로 염기성 용액에 닿으면 붉은 리트머스 시험지가 파랗게 변하고 파란 리트머스 시험지는 변화가 없습니다. 리트머스 시험지로 용액이 산성인지 염기성인지 간단하게 알 수 있어요. 가끔 신문 기사에서 "○○은 정책의 리트머스 시험지가 될 것이다"와 같은 관용적인 표현이 나옵니다. 이것은 리트머스 시험지처럼 간단하게 어떤 것의 가치나 성공 여부를 판단할 수 있다는 뜻이랍니다.

Part 03

생물에는 고유한 역할을 하는 여러 기관이 있어요. 각기 다른 기관들이 제 역할을 하면서 양분을 섭취하고 필요 없는 노폐물은 배출하지요. 생물 속에 있는 여러 기관들이 하는 일을 알아봅시다.

 **배경지식을 쌓는 과학 이야기 13**

바른 자세는 불편해요. 꼭 해야 할까요?

　학교에서 자세를 바르게 해야 한다는 말을 참 많이 듣지요? 특히 요즘은 거북처럼 목이 앞으로 나와 있지 않은 친구를 보기가 힘들 정도입니다. 그런데 바른 자세는 불편합니다. 계속 신경 쓰고 있지 않으면 금세 의자에 기대거나 구부정해지지요. 이렇게 불편한데도 바른 자세를 굳이 해야 하는 이유는 무엇일까요? 그 이유를 뼈와 근육의 움직임에서 알아봅시다.

　우리 몸에 뼈가 없다면 어떤 일이 벌어질까요? 뼈가 없는 연체동물인 오징어나 낙지를 떠올려 보세요. 뼈가 없다면 지금처럼 두 다리와 두 팔, 몸통과 머리 등 일정한 형태를 갖춘 대신 온몸이 흐물거릴 수도 있습니다. 뼈가 우리 몸의 구조를 지탱하기 때문입니다. 머리뼈는 둥글고, 갈비뼈는 활처럼 휘어 뇌와 심장 같은 중요한 장기를 보호해요.

　성인은 약 206개의 뼈가 관절로 연결되어 몸을 지탱하고 움직인답니다. 어른의 뼈가 많을까요, 갓 태어난 아이들의 뼈가 많을까요? 흥미롭게도 갓 태어난 아이들은 약 270개의 뼈를 가지고 있어 어른보다 많습니다. 성장하면서 뼈와 뼈가 합쳐지며 약 206개로 줄어드는 것이지요.

　관절은 뼈와 뼈가 서로 부딪힐 때마다 충격을 흡수해 부드럽게 연결되도록 합니다. 그런데 뼈와 뼈 사이의 관절은 소모품이에요. 관절은 한번 닳으면 재생되지 않는답니다. 할머니, 할아버지들이 무릎이 아프다고 하시는 건 관절이 손상되어 움직일 때 뼈가 부딪히는 통증을 그대로 느끼기 때문이에요. 의학 기술이 발전해 인공 관절로 교체하기도 하지만, 이것 또한 소모품이라서 15~25년 주기로 교체해 주어야 합니다.

관절을 덜 소모하려면 근육을 키우는 운동이 도움이 됩니다. 관절에 걸리는 힘을 근육이 나누어 질 수 있거든요. 근육은 뼈를 둘러싼 섬유 모양의 다발입니다. 머리카락보다 가늘고 긴 세포들로 이루어져 있어 근육 세포를 근섬유라고 부릅니다. 근섬유가 수축하면서 뼈를 당기고, 이완하면서 뼈를 원래 자리로 돌려보내며 몸을 움직이도록 하지요. 근육이 수축한다는 것이 무슨 말일까요? 조금 더 선명하게 근육의 모양을 보기 위해 팔에 힘을 주면서 접어 봅시다. 이때 안쪽 팔이 봉긋 솟으며 안쪽 근육의 길이는 짧아집니다. 근육이 수축하는 힘으로 관절을 굽혀 팔이 안쪽으로 접힌 것이지요. 반대로 접었던 팔을 펼 때는 근육의 길이가 길어지면서 봉긋 솟아오른 근육이 다시 펴집니다. 이것을 근육이 이완되었다고 표현하며 관절이 펴지고 팔도 펴집니다. 즉, 근육의 수축과 이완으로 관절을 움직여서 뼈를 움직이는 것입니다.

근육이 약해지면 뼈와 뼈 사이의 관절을 제대로 지지하지 못해 관절이 정상적인 위치에서 벗어나거나 불안해질 수 있어요. 운동하다가 유난히 발목이 쉽게 다치는 친구들은 발목 근육을 강하게 만드는 운동을 해서 예방할 수 있습니다. 근육이 강해진다는 건 근섬유가 두꺼워진다는 의미입니다. 운동으로 근섬유가 미세하게 손상되고, 이를 회복하기 위해 손상된 부분에 단백질이 결합되며 근섬유의 굵기가 두꺼워집니다. 바꿔 말하면 운동은 근섬유를 안전한 범위 내에서 손상시키는 과정이기도 합니다. 그렇기 때문에 당연히 힘들고 고통스럽지요.

우리가 편하다고 느끼는 자세는 몸에서 힘을 빼고 축 늘어진 자세들입니다. 우리 몸을 땅으로 당기는 중력에 저항하지 않기 때문에 근육을 사용할 필요가 없고 편안합니다. 대신, 우리 몸의 무게를 근육이 아닌 관절이 버티게 되지요. 사용하지 않은 근육은 점점 약해져 바른 자세로 돌아오기가 더 어려워집니다. 반면 바른 자세는 근육을 사용하기 때문에 처음에는 힘들어도 점차 근육이 발달하면서 편안해진답니다. 책을 읽으며 허리를 펴려고 노력했다면 성공이에요.

 **어휘 확장**   이 어휘를 통해 문해력이 더 깊어질 수 있어요!

- **거북목 증후군** : 잘못된 자세로 만들어지는 증상 중 하나. 사람의 목이 거북의 목처럼 앞으로 구부러짐.
- **뼈** : 동물의 몸에서 그 몸을 지탱하는 단단한 물질.
- **연체동물** : 뼈가 없는 동물. 부드러운 몸을 가지고 있다.
- **지탱하다** : 오래 버티거나 배겨 내다.
- **관절** : 뼈와 뼈가 서로 맞닿아 연결되어 있는 곳.
- **인공 관절** : 사람이 만든 관절.
- **근육** : 뼈를 둘러싸고 몸을 움직이거나 자세를 유지하게 하는 힘줄과 살의 조직.
- **섬유** : 동물의 단백질로 이루어진 가늘고 긴 실 모양의 조직.
- ❶ **근섬유** : 근육을 구성하고 있는 단위. 긴 머리카락 모양의 세포로 근섬유가 모여 근육이 됨.
- **소모하다** : 써서 없애다.
- **소모품** : 쓰는 대로 닳거나 줄어들어 못 쓰게 되는 물품.
- **수축** : 근육이 오그라듦. 근육이 수축하면 길이가 짧아지는 것처럼 보인다.
- **이완** : 굳어 있던 근육이 원래의 상태로 풀어짐.
- **불안하다** : 아니 불(不), 편안할 안(安). 안정되지 않다.

근데 잠깐만!
'**근육**'이라는 말은 무슨 뜻이라고 했더라?

민재에게 이 과학 개념을 설명해 주세요.
민재야, '**근육**'은

글을 잘 읽고 이해했는지 확인해 봅시다.

문제를 풀며 글을 한 번 더 찬찬히 읽어 보세요!

1. 글을 읽고 뼈에 대한 설명으로 옳지 않은 것을 고르세요.

   ① 뼈와 뼈는 관절로 연결되어 있다.
   ② 어른의 뼈는 아기의 뼈보다 많다.
   ③ 뼈는 우리 몸의 중요한 장기를 보호한다.
   ④ 머리뼈는 둥글고 갈비뼈는 활처럼 휘어 있다.
   ⑤ 뼈는 몸을 지탱하고 일정한 형태로 보이게 만든다. .

2. 다음은 운동에 대한 친구들의 대화입니다. 근육에 대해 바르게 말한 친구를 모두 고르세요.

리나	발목을 자꾸 다쳐서 주변 근육을 키워 주는 운동을 하고 있어.
인정	근육이 있으면 관절에 가는 부담이 적어지지.
병학	근육이 커지는 건 근섬유가 많아지는 거야. 나도 많아졌어.
유정	운동하는 만큼 단백질이 근섬유에 결합돼 커진다니 열심히 해 보자.
상일	근육을 키우기 위해 운동 후에 단백질이 풍부한 음식을 먹는 것도 좋겠다.

   답 _____

동생이 바른 자세로 앉을 수 있도록 주어진 단어를 사용해 설득해 봅시다.(뼈, 근육)

_____
_____
_____

배경지식을 쌓는 과학 이야기 14

장염에 걸렸어요!
장염은 무슨 병이에요?

　장염은 어린이들이 감기만큼이나 흔하게 걸리는 질병입니다. 갑자기 먹은 음식을 모두 토하거나 음식을 먹자마자 설사를 하고 열이 나기도 합니다. 장염에 걸리면 나을 때까지 한동안 소화가 잘되는 흰죽만 먹기도 하지요. 장염이 대체 무슨 병이기에 그럴까요?

　사람들은 음식을 먹어 영양분을 얻습니다. 영양소가 들어 있는 음식물을 잘게 분해해서 몸에 흡수될 수 있는 형태로 만드는 과정을 '소화'라고 합니다. 음식물이 직접 지나며 소화에 참여하는 기관들을 소화 기관이라 해요. 입, 식도, 위, 작은창자, 큰창자 순으로 1~3일 동안 음식물이 차례로 통과하며 소화가 진행됩니다. 소화 기관을 모두 펴면 총 9미터 정도이니 음식물들은 우리 몸에서 꽤 긴 여행을 하는 셈입니다.

　꼭꼭 씹어 잘게 분해된 음식은 '식도'를 타고 '위'로 갑니다. 위에서는 강한 산성인 위산이 나와 음식을 형태가 보이지 않을 정도로 녹입니다. 위산은 아주 강한 산성이지만 위까지 녹이지는 않습니다. 위에는 위산으로부터 위를 보호하는 끈적끈적한 점액질이 함께 나오기 때문입니다. 가끔 구토를 심하게 할 때 시큼한 노란 물이 나오는 걸 보고 위산이라고 오해하기도 합니다. 하지만 위산은 노란색이 아니라 무색투명해요. 이 시큼한 노란 물은 담즙으로 소화에 도움을 주는 또 다른 액체입니다.

　위에서 충분히 녹은 음식물은 '작은창자'로 이동합니다. 작은창자는 6~7미터로 구불구불 말려 있어요. 작은창자를 지나는 동안 음식물에서 영양분을 흡수합니다. 길고 긴 작은창자를 모두 통과한 후 음식물이 마지막 '큰창자'로 이동합니다. 큰창자에서 남은 영양분과 수분을 흡수합니다. 간혹 작은창자가 큰창자보다 훨씬 긴데 왜 '작은'

창자냐고 묻는 친구들이 있습니다. 하지만 작은창자가 500원짜리 동전만 한 굵기라면 큰창자는 종이컵 윗부분 정도로 훨씬 굵답니다. 큰창자에서 양분과 수분을 흡수하고 남은 음식물 찌꺼기들은 잠시 머물렀다가 항문으로 배출됩니다.

소화 기관에 생기는 질병 중 장염은 세균에 감염되거나 갑자기 많은 음식을 먹어서 작은창자나 큰창자에 생긴 염증을 말합니다. 작은창자와 큰창자가 하던 일을 하지 못해 영양분과 수분을 제대로 흡수하지 못해요. 그래서 회복할 때까지 소화가 잘되는 음식만 먹어야 하고, 기운이 없어 수액을 맞기도 합니다. 때로는 흡수되지 못한 수분이 그대로 남아 설사도 합니다. 설사와 구토는 장염의 증상이지만, 바이러스를 빠르게 몸 밖으로 내보내기 위한 회복 과정이기도 합니다.

흔히 장염을 일으키는 여러 세균 중 대장균이 있다고 이야기합니다. 사실 대장균은 우리 몸속 큰창자(대장)에서 소화를 돕는 유익한 균입니다. 큰창자에 해로운 세균이 들어오는 걸 막기도 하지요. 하지만 대장균 중 일부는 변종으로, 분변으로 오염된 음식이나 물을 통해서 우리 몸에 들어와 식중독을 일으킬 수도 있답니다. 장염을 예방하기 위해서는 식사 전에 손을 깨끗이 씻는 습관이 중요합니다.

큰창자의 기능을 이해했다면 변비에 왜 걸리는지도 생각해 봅시다. 변비는 대변이 큰창자에 너무 오래 머물러서 수분이 과하게 빠져 버렸기 때문에 정상적으로 변을 보기 힘든 증상을 말합니다. 딱딱한 대변이 창자를 눌러 혈액이 제대로 순환되지 않지요. 변비약은 큰창자의 활동을 활발하게 하여 창자로 들어온 내용물이 빨리 나가도록 도와줍니다. 하지만 변비약을 자주 먹으면 창자가 스스로 활동하기보다는 약에 의존해서만 활동하게 됩니다. 그러므로 평소에 물을 충분히 마시고 식이섬유가 많이 든 음식을 잘 먹어서 변비를 예방하는 편이 좋답니다.

 **어휘 확장** 이 어휘를 통해 문해력이 더 깊어질 수 있어요!

- **구토** : 먹은 음식물을 토함.
- **영양분** : 영양이 되는 성분.
  - ❗ 영양소 : 보통 탄수화물, 지방, 단백질, 비타민, 무기질 등을 말합니다.
- **식도** : 음식물이 지나는 길. 입과 위를 연결하는 기관.
- **소화** : 음식을 분해하여 영양분을 흡수하기 쉬운 형태로 변화시키는 일.
- **소화 기관** : 음식물을 소화시키는 기관. 음식물이 직접 지나가는 기관을 '소화 기관'으로, 음식물이 직접 지나지 않지만 소화를 도와주는 간, 이자 등의 기관을 '소화를 돕는 기관'이라고 구분하기도 한다.
- **작은창자** : 소장. 위와 대장 사이에 있으며 영양분을 흡수하는 기관으로 6~7미터 길이에 달한다.
- **큰창자** : 대장. 소장을 지난 후 남은 영양분과 수분을 흡수하는 기관.
- **수액** : 영양이나 수분을 공급하기 위해 주사하는 액체.
- **대장균** : 대장에서 소화를 돕는 세균. 변종 대장균은 몸 밖에서 질병을 일으키기도 한다.
- **창자** : 큰창자와 작은창자를 합쳐 이르는 말.
  - ❗ 창자가 끊어질 듯 몹시 슬프다는 것을 '애끊다'라고 합니다. '애'가 창자를 뜻하는 옛말입니다.
- **변종** : 같은 종류 중에 모양이나 성질이 달라진 종류. 대장균 중 일부가 변해서 식중독을 일으키기도 한다.
- **분변** : 똥. 대변. 사람이나 동물이 먹은 음식물을 소화하여 항문으로 내보내는 찌꺼기.

근데 잠깐만!
'**소화**'라는 말은 무슨 뜻이라고 했더라?

민재에게 이 과학 개념을 설명해 주세요.
민재야, '**소화**'는

 진짜 읽기

글을 잘 읽고 이해했는지 확인해 봅시다.

문제를 풀며 글을 한 번 더 찬찬히 읽어 보세요!

1. 글을 읽고 음식물의 소화 과정과 소화 기관에 대해 옳은 것을 고르세요.

   ① 음식물은 위, 간, 이자를 지나가며 소화가 진행된다.
   ② 구토를 심하게 할 때 나오는 시큼한 노란 액체는 위산이다.
   ③ 큰창자에 음식물이 너무 오래 머무르면 변비에 걸릴 수 있다.
   ④ 작은창자는 큰창자보다 길이가 짧아서 작은창자라고 부른다.
   ⑤ 대장균은 대장에 좋지 않은 세균으로 몸에서 없애려고 해야 한다.

2. 소화 기관과 소화 기관이 하는 일을 짝지어 봅시다.

   식도 •   • 입과 위를 연결하며 음식물이 지나는 길.

   위 •   • 음식물의 양분을 흡수함.

   작은창자 •   • 남은 음식물의 양분과 수분을 흡수함.

   큰창자 •   • 잘게 부서진 음식물을 강한 산성으로 녹임.

 한 줄 글쓰기!

장염을 예방하기 위해서 우리가 할 수 있는 일을 떠올려 보고 한 줄로 써 봅시다.

_____

배경지식을 쌓는 과학 이야기 15

운동을 하다가 하품이 나오는 이유는 뭘까요?

신나게 달린 뒤에는 심장이 빠르게 뛰고 얼굴이 빨갛게 달아오르기도 해요. 혹은 스쿼트와 같은 근육 운동을 할 때 하품이 연거푸 나기도 합니다. 운동 중 숨이 가쁘게 차오르는 것과 하품이 나는 것 모두 숨 쉬는 것과 관련한 반응입니다.

생명을 유지하기 위해서는 산소가 꼭 필요합니다. 산소는 몸속에서 영양분을 에너지로 바꾸는 데 필수적이기 때문에 산소를 들이마십니다. 또, 에너지를 만든 후에는 이산화탄소가 만들어지는데, 그 또한 몸 밖으로 내뱉어야 합니다. 숨을 들이마시며 산소를 보충하고 숨을 내쉬며 이산화탄소를 내뱉는 과정을 '호흡'이라고 합니다.

우리 몸에서 호흡을 담당하는 기관은 공기가 들어가는 순서대로 살펴보면 코와 입, 기관, 기관지, 폐가 있습니다. 가장 먼저 공기가 들어오는 기관은 코와 입이에요. 코 안쪽에는 코털과 점막이 있어 밖에서 들어오는 공기를 한번 걸러 줍니다. 코와 입은 안쪽에서 연결되어 있어 콧물이 넘어가 가래가 되거나 콧구멍으로 밥알이 나오기도 하지요.

코와 입을 통과한 공기는 '기관'이라는 긴 통로를 지나 폐로 향합니다. 공기가 다니는 기관과 음식이 들어가는 식도는 다릅니다. 음식을 잘못 삼켜 식도가 아닌 기관으로 들어가면 갑자기 기침을 하며 음식을 뱉어 냅니다. 이것을 '사레들리다'라고 표현합니다. 이때 기침은 기관으로 음식이 들어오는 것을 막기 위한 보호 조치인 셈입니다.

기관을 통과한 공기는 기관지로 이동합니다. 기관지는 기관과 폐를 연결하는 나뭇가지 모양의 관입니다. 여러 갈래로 갈라져 있어 한자 '가지 지(支)'자를 써서 기관지라고 부릅니다. 기관지를 통해 폐 구석구석까지 공기가 전달됩니다.

폐에서는 공기 중에 있는 산소와, 혈액 속에 있는 이산화탄소를 교환합니다. 에너지를 만들고 생긴 이산화탄소는 혈액에서 폐로 이동하고, 폐로 들어온 산소는 혈액에 실려 온몸으로 이동합니다. 폐를 거쳐 나온 이산화탄소는 기관지, 기관, 코나 입을 거쳐 몸 밖으로 나갑니다. 숨이 들어갔던 순서의 반대로 나오는 거지요.

그렇다면 운동할 때 숨이 왜 가빠질까요? 운동을 하면 평소보다 활동량이 많아져서 더 많은 에너지가 필요하고, 에너지를 만들기 위해 더 많은 산소가 필요합니다. 산소를 빠르게 공급하기 위해 호흡을 더 빠르게 하거나 혹은 하품을 통해 크게 숨을 들이쉬지요. 동시에 많은 에너지를 만들면서 더 많은 이산화탄소가 생겼기 때문에 빨리 호흡을 하며 내뱉는답니다.

운동을 하면 심장도 빨리 뜁니다. 사실 소화와 호흡만으로는 몸에 에너지를 공급할 수 없습니다. 소화로 영양분을 흡수하고, 호흡으로 산소를 받아들였지만 그걸 운반할 혈액이 움직이지 않는다면 소용이 없지요. 심장은 펌프처럼 수축과 이완을 반복하며 영양소와 산소를 실은 혈액을 온몸으로 운반합니다. 혈액이 혈관을 따라 온몸을 도는 과정을 '순환'이라고 하는데, 바로 심장과 혈관이 순환을 담당하는 순환 기관입니다. 손끝만 찔려도 피가 나오는 건 손끝까지도 혈관이 연결되어 있다는 말입니다. 즉, 호흡을 빨리해서 더 많은 산소를 들이마셨다면 그것을 빠르게 운반하기 위해 심장 또한 빨리 뛰어 힘찬 펌프 작용을 한답니다.

호흡 기관과 순환 기관은 유기적으로 연결되어 있습니다. 호흡을 통해 들어온 산소가 순환 기관을 통해 온몸으로 전달되고, 온몸을 돌고 난 후 만들어진 혈액 속 이산화탄소는 호흡 기관을 통해 몸 밖으로 배출됩니다. 이렇게 여러 기관이 서로 협력하여 우리 몸의 건강을 유지해 준답니다.

어휘 확장

이 어휘를 통해 문해력이 더 깊어질 수 있어요!

- **스쿼트** : squat. 무릎을 굽혔다 펴는 동작을 반복하는 하체 근육 운동.
- **호흡** : 숨을 들이마시고 내쉬는 일련의 과정. 폐에서 산소와 이산화탄소가 교환된다.
- **호흡 기관** : 코, 입, 기관, 기관지, 폐 등 호흡에 관여하는 기관을 말한다.
- **기관** : 그릇 기(器), 벼슬 관(官). 일정한 모양과 생리 기능을 가지고 있는 생물체의 부분.
  - ❗ 기관 : 기운 기(氣), 대롱 관(管). 코와 입에서 폐까지 연결하는 공기의 이동 통로.
- **기관지** : 기관에서 좌우로 갈라져 폐에 연결되는 부분. 여러 개의 가지로 갈라져 있다.
- **점막** : 코 안쪽을 덮고 있는 부드럽고 끈끈한 막.
- **교환** : 서로 바꾸거나 주고받음.
- **가쁘다** : 숨이 몹시 차다.
- **펌프** : 압력을 통해 기체나 액체를 빨아올리거나 이동시키는 기계.
  - ❗ 심장이 수축과 이완을 반복하면서 혈액을 이동시킵니다.
- **순환** : 주기적으로 되풀이하여 돌게 만드는 과정. 혈액이 우리 몸을 순환하며 영양분을 전달한다.
- **순환 기관** : 심장, 혈액, 혈관 등이 해당되며, 영양소와 산소 등 우리 몸에 필요한 것들을 순환시키는 기관.
- **유기적** : 전체를 구성하는 각 부분이 서로 밀접하게 관련 있어서 떼어 낼 수 없음.

근데 잠깐만!
'**호흡**'이라는 말은 무슨 뜻이라고 했더라?

민재에게 이 과학 개념을 설명해 주세요.
민재야, '**호흡**'은

 진짜 읽기

글을 잘 읽고 이해했는지 확인해 봅시다.

문제를 풀며 글을 한 번 더 찬찬히 읽어 보세요!

1. 글을 읽고 호흡을 통해 공기가 우리 몸에 들어오는 과정을 순서대로 나열하세요.

> ㉠ 기관을 통해 공기가 이동함.
> ㉡ 코와 입으로 공기가 들어감.
> ㉢ 산소는 혈액을 통해 온몸 구석구석 전달됨.
> ㉣ 기관지를 통해 폐 구석구석 공기가 전달됨.
> ㉤ 폐에서 코를 통해 들어온 산소와 혈액 속 이산화탄소가 교환됨.

☐ → ☐ → ☐ → ☐ → ☐

2. 우리 몸에서 심장과 혈액이 하는 일을 알맞게 비유한 표현을 짝지어 봅시다.

심장 •　　　　• 기름주입기의 펌프처럼 수축과 이완을 반복함.

혈액 •　　　　• 기차처럼 산소와 영양분을 실어 나름.

 세 줄 글쓰기!

신나게 달리면 숨이 차는 이유를 주어진 단어를 사용해서 동생에게 설명해 주세요. (산소, 이산화탄소, 호흡)

_____

_____

_____

배경지식을 쌓는 과학 이야기 16

소변 검사로 무엇을 알 수 있을까요?

건강 검진을 할 때 소변 검사 항목이 꼭 들어갑니다. 소변은 우리 몸의 상태를 알려 주는 중요한 지표이기 때문입니다. 소변은 우리 몸에서 어떤 역할을 하고 있기에 소변 검사가 중요한 것일까요?

어떤 친구들은 소변이 우리가 마신 물에서 필요한 수분을 모두 섭취하고 남은 물이라고 생각합니다. 마치 대변이 우리가 섭취한 음식물에서 영양분을 모두 흡수하고 남은 노폐물인 것처럼 말이지요. 하지만 정확하게 말하면 소변은 혈액에서 걸러 낸 노폐물입니다. 혈액과 심장 같은 순환 기관은 우리 몸에 필요한 영양분과 산소를 온몸 구석구석 보냅니다. 그 과정에서 에너지를 만들고 남은 노폐물 등이 혈액에 쌓입니다. 혈액에 계속 노폐물이 쌓이면 혈관이 막혀서 순환되지 않습니다. 뇌로 가는 혈관이 막히면 제때 산소와 영양분이 공급되지 않아 뇌 조직이 손상되고, 심장으로 가는 혈관이 막히면 심장이 제대로 움직이지 않아요.

그래서 혈액의 노폐물을 꾸준히 거르는 기관이 필요합니다. 이것을 '배설 기관'이라고 부릅니다. 배설 기관인 신장, 오줌관, 방광, 요도를 따라 혈액의 노폐물이 몸 밖으로 나간답니다.

먼저 신장은 콩과 팥 모양을 닮았다고 하여 '콩팥'이라는 별명이 있습니다. 배 뒤쪽의 척추 양옆에 주먹만 한 신장이 좌우 한 쌍 있습니다. 물이 정수기 필터로 걸러지듯 혈액은 신장을 통과합니다. 신장에서 수분과 포도당, 아미노산 등의 영양소를 다시 흡수하고 필요하지 않은 노폐물은 오줌관으로 보냅니다. 깨끗해진 혈액은 다시 온몸으로 돌지요.

신장은 두 개가 한 쌍을 이루므로 한 개가 망가져도 다른 하나가 있으니 괜찮지 않냐고 생각할 수 있습니다. 물론, 하나 남은 신장으로도 정상적인 생활이 가능합니다. 하지만, 신장은 하루에 혈액을 약 180리터(L) 걸러 냅니다. 이는 180밀리리터(ml) 우유팩 100개 혹은 1리터들이 생수병 18개 정도로 두 개의 신장이 24시간 동안 쉬지 않고 일해야 할 정도의 분량입니다. 그러니 신장이 하나뿐이면 과부하가 걸릴 수 있어요.

신장에서 걸러진 노폐물은 오줌관을 따라 방광으로 이동합니다. 방광은 신장에서 만들어진 소변을 잠시 보관하는 주머니 근육이에요. 성인의 경우 약 400~500밀리리터, 10세 어린이의 경우 360밀리리터를 보관할 수 있고 반 이상 차면 화장실에 가고 싶다는 생각이 듭니다. 그런데 왜 소변을 그냥 내보내지 않고 방광에 보관할까요? 방광에 소변을 보관하지 못하면 노폐물이 신장에서 걸러지는 대로 끊임없이 몸 밖으로 배출될 겁니다. 실제로 방광에 질병이 생기면 소변을 참지 못하고 새는 증상을 보이거나 화장실을 다녀왔는데도 계속 화장실에 가고 싶은 잔뇨감이 듭니다. 방광이 제 역할을 하고 있어서 하루에 4~6회만 화장실을 가면 노폐물을 비울 수 있는 것이지요.

방광에 모인 소변은 요도를 따라 몸 밖으로 나갑니다. 요도는 성별에 따라 길이 차이가 납니다. 여성의 요도는 약 4센티미터로 성인 남성의 1/4 정도 됩니다. 몸 밖의 세균이 요도를 통해 침투할 경우 방광까지 가는 요도의 길이가 짧은 여성이 방광염에 더 감염되기 쉽답니다.

소변은 혈액에서 걸러 낸 노폐물이기 때문에 소변에 피가 섞여 있거나 단백질이 섞여 나온다면 혈액에서 노폐물이 걸러지는 데 문제가 있거나 양분을 제대로 흡수하지 못하는 것일 수 있습니다. 또한 세균이 섞여 나올 수도 있고요. 그래서 간단한 소변 검사로 전반적인 건강을 확인한 후 질병이 의심되는 부분을 상세하게 알아볼 수 있답니다. 조선 시대에도 임금의 소변은 '매우'라고 불리며 어의들이 임금의 건강을 판단하는 중요한 자료였답니다.

어휘 확장

이 어휘를 통해 문해력이 더 깊어질 수 있어요!

- **소변 검사** : 소변의 양, 냄새, 당, 색소, 세균 등을 조사하는 검사. 학교에서는 색지가 붙은 종이에 소변을 묻혀 색 변화를 관찰한다.
- **소변** : 오줌을 점잖게 부르는 말. 혈액에서 걸러 낸 액체 노폐물.
- **노폐물** : 몸에서 만들어진 물질 중 필요 없는 것.
- **혈액** : 피. 몸 안의 혈관을 돌며 산소와 영양분을 공급하고 노폐물을 운반하는 붉은 액체.
- **배설** : 몸 안의 노폐물을 방광에 모아 밖으로 내보내는 일.
- **배설 기관** : 배설 작용에 참여하는 기관. 신장, 오줌관, 방광, 요도를 말한다.
- **신장** : 콩팥. 혈액을 걸러 내는 한 쌍의 기관.
- **오줌관** : 콩팥에서 방광으로 오줌을 보내는 가늘고 긴 관.
- **방광** : 콩팥에서 나오는 오줌을 저장했다가 배출시키는 주머니 모양의 기관.
  - ❶ **방광염** : 방광에 생긴 염증으로, 오줌이 자주 마렵고 오줌을 눌 때에 통증이 있습니다.
- **요도** : 오줌을 방광으로부터 몸 밖으로 배출하기 위한 관.
- **과부하** : 일을 너무 많이 맡은 상태.
- **매우** : 궁중에서 임금의 소변과 대변을 이르는 말. 임금의 건강을 진단하는 용도로 귀하게 여겼다.
  - ❶ 임금의 대변은 '매화'라고 불렸습니다.
- **어의** : 궁에서 임금이나 왕족의 병을 치료하던 의원.

근데 잠깐만!
'**배설**'이라는 말은 무슨 뜻이라고 했더라?

민재에게 이 과학 개념을 설명해 주세요.
민재야, '**배설**'은

진짜 읽기

글을 잘 읽고 이해했는지 확인해 봅시다.

문제를 풀며 글을 한 번 더 찬찬히 읽어 보세요!

1. 글을 읽고 배설 기관에 대한 설명이 올바르면 O를, 틀리면 X를 고르세요.

   ① 소변과 대변을 보는 일을 담당한다.   O, X
   ② 소변은 음료에서 수분을 흡수하고 남은 액체다.   O, X
   ③ 신장은 노폐물을 걸러 내는 필터 같은 역할을 한다.   O, X

2. 글을 읽고 혈액 속 노폐물이 몸 밖으로 나가는 과정을 순서대로 나열하세요.

   ㉠ 혈액이 신장을 통과하며 노폐물이 걸러집니다.
   ㉡ 방광에서 요도를 따라 나갑니다.
   ㉢ 걸러진 노폐물은 오줌관을 따라 이동합니다.
   ㉣ 방광에 반 이상차면 소변이 마렵다고 느낍니다.
   ㉤ 방광에 노폐물이 모입니다.

한 줄 글쓰기!

우리 몸에서 신장에 문제가 생기면 어떤 문제가 생길까요? 신장이 하는 일을 떠올리며 문장으로 적어 봅시다.

배경지식을 쌓는 과학 이야기 17

식물은 영양분을 어떻게 구할까요?

식충 식물을 아나요? '먹을 식(食)', '벌레 충(蟲)'을 써서 벌레를 먹는 식물을 말합니다. 그래서인지 식충 식물을 키우려면 벌레를 잡아 끼니마다 줘야 하나 고민하기도 합니다. 반려동물을 키우는 것처럼 때마다 먹이를 줘야 한다고 생각하기 때문입니다. 하지만 흔히 보는 식충 식물인 끈끈이주걱이나 파리지옥은 곤충을 먹지 않아도 일정한 환경만 갖춰 주면 잘 자랍니다. 식물은 스스로 양분을 만들어 낼 수 있는 능력이 있기 때문이에요.

식물이 스스로 양분을 만들어 내는 과정을 '광합성'이라고 합니다. 광합성(光合成. 빛 '광', 합할 '합', 이룰 '성')은 '빛으로 (이산화탄소와 물을) 합쳐서 (포도당을) 이룬다'는 뜻의 한자어입니다. 식물은 햇빛과 물, 공기 중 이산화탄소로 포도당이라는 영양분을 만들어 냅니다. 동물은 다른 음식을 먹은 후 소화시켜 포도당을 만드는데, 식물은 햇빛과 물, 공기만으로 포도당을 만들어 낸다니 놀랍습니다. 이 때문에 식물을 생태계에서 '생산자'라고 부릅니다.

광합성에는 빛이 꼭 필요하기 때문에 식물은 햇빛이 없는 곳에서는 살 수 없습니다. 그늘에서 사는 식물도 적은 양의 햇빛으로 양분을 만들 수 있도록 적응한 것뿐이지 때때로 햇볕을 쬐어야만 살아갈 수 있지요.

식물에서 광합성을 담당하는 부분은 엽록체입니다. 엽록체는 식물 세포 내에 있는 아주 작은 기관이에요. 이 엽록체는 잎에 많이 있어 주로 잎에서 광합성이 일어납니다. 광합성으로 만들어진 양분이 줄기를 따라 식물 구석구석으로 이동한답니다.

광합성에 필요한 물은 뿌리를 통해 흡수합니다. 여러 갈래로 나뉜 뿌리는 식물을 지지해 설 수 있게 하고 흙 속의 수분을 빨아들입니다. 뿌리를 통해 들어온 물은 줄기 속 작은 관을 따라 잎과 꽃으로 전달됩니다.

 잎에서 광합성을 통해 만들어진 양분(포도당)과 뿌리로 흡수한 수분이 식물의 줄기를 따라 식물 구석구석 전달됩니다. 식물의 줄기 안에서 물은 가느다란 물관을 통해 전달되고, 영양분(포도당)은 체관이라는 세포 조직을 통해 이동합니다. 식물의 줄기 안에서도 물이 이동하는 길과 양분이 이동하는 길이 나뉘어 있는 겁니다. 물관과 체관은 마치 사람 몸에서 혈관과 같은 역할을 합니다.

 흙에 비료나 영양제를 주는 것을 보고 식물이 광합성이 아닌 흙에서 영양분을 흡수해 산다고 오해하는 이들도 있습니다. 물론 흙에서 일부 영양분을 얻기도 하지만, 식물은 광합성으로 대부분의 양분을 만듭니다. 비료는 광합성이 더 잘 일어나게 돕는 것이지요. 흙 대신 물에서 식물을 키울 수 있는 이유는 식물이 영양분을 광합성으로 대부분 만들기 때문입니다.

 그런데 식충 식물은 왜 벌레에서 양분을 얻을까요? 식충 식물은 늪지대나 물속, 양분이 부족한 흙에서 자랍니다. 이런 곳은 빛이 부족해 광합성을 충분히 하기 어렵지요. 때문에 곤충을 잡아 부족한 양분을 해결합니다. 끈끈이주걱은 잎에 반짝이는 점액이 맺혀 있습니다. 이 점액에서 달콤한 냄새가 나 벌레를 유인합니다. 점액 안에는 벌레를 녹이는 소화 효소가 들어 있어 끈끈한 점액에 붙은 벌레를 4~7일간 천천히 소화시킵니다.

 식물은 양분을 얻기 위해 광합성을 하면서 산소도 만듭니다. 마치 음식을 만드는 중에 김이 나오는 것처럼 광합성을 하는 중에 산소를 내보내지요. 별다른 재료 없이도 양분을 만드는데다 생물이 호흡할 때 꼭 필요한 산소까지 만든다니, 식물이 참 귀하지요? 식물을 더욱더 소중히 대해 봅시다.

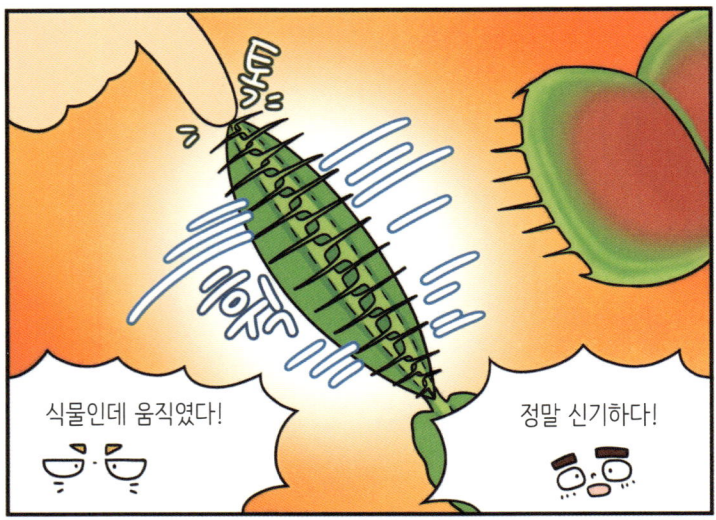

어휘 확장

이 어휘를 통해 문해력이 더 깊어질 수 있어요!

- **식충 식물** : 벌레를 먹는 식물. 척박한 환경에서 살아남기 위해 벌레를 잡는 기관이 발달했다.
- **광합성** : 빛으로 이산화탄소와 물을 합해 양분을 만들어 내는 일.
- **포도당** : 단맛이 있고 물에 잘 녹는 에너지원. 포도에서 처음 발견되어서 포도당이라는 이름이 붙었다. 피곤할 때 포도당 캔디를 먹으면 빠르게 활력이 돌아온다.
- **생태계** : 생물과 주변 환경을 포함한 세계.
- **생산자** : 스스로 에너지를 만들 수 있는 생물체. 생태계에서 식물이 하는 역할이다.
- **엽록체** : 식물에서 광합성을 담당하는 기관. 식물 잎의 세포 내에 있고 타원형이다.
- **물관** : 물이 흘러가도록 만든 관. 식물 줄기에서 물이 이동하는 통로가 된다.
- **체관** : 잎에서 만들어진 양분의 통로가 되는 기관. 가늘고 긴 세포로 이루어져 있다.
- **비료** : 식물이 잘 자라게 도와주는 물질.
- **점액** : 끈끈한 성질이 있는 액체.

근데 잠깐만!
'**광합성**'이라는 말은 무슨 뜻이라고 했더라?

민재에게 이 과학 개념을 설명해 주세요.
민재야, '**광합성**'은

글을 잘 읽고 이해했는지 확인해 봅시다.

문제를 풀며 글을 한 번 더 찬찬히 읽어 보세요!

1. 글을 읽고 식물에 대한 설명으로 옳지 않은 것을 모두 고르세요.

   ① 스스로 양분을 만들어 내는 생산자이다.
   ② 식물의 엽록체는 광합성을 담당한다.
   ③ 식물의 잎에서 만들어진 양분이 물관을 따라 식물 구석구석 이동한다.
   ④ 식물은 햇빛이 없는 곳에서는 살 수 없다.
   ⑤ 식충 식물은 하루에 한 번 곤충을 잡아 먹이로 줘야 한다.

2. 다음 글은 식물이 양분을 얻는 방법에 대한 설명하고 있습니다. 빈칸에 알맞은 단어를 넣어 글을 완성시켜 주세요.

   식물은 햇빛으로 (㉠)와 (㉡)을 합성해 양분인 (㉢)을 만들어 냅니다. 때문에 식물은 생태계에서 생산자라고도 불립니다.

   ㉠ _____, ㉡ _____, ㉢ _____

식물의 잎을 위에서 바라보면 사방으로 돌려나 있는 경우가 많습니다. 왜 이렇게 자라는지 광합성의 과정을 떠올리며 추측해 써 보세요.

배경지식을 쌓는 과학 이야기 ⑱

머리를 때리면 정말 머리가 나빠질까요?

　줄기○○, 암○○, 뇌○○… ○○에 들어갈 공통된 단어는 무엇일까요? 바로 '세포'입니다. 세포는 생물체를 이루는 기본 단위예요. 어떤 세포들은 모여서 피부가 되고, 또 어떤 세포들은 모여서 근육이 됩니다. 우리 몸에는 각기 다른 역할을 하는 세포가 270여 종이 있고, 약 60조 개의 세포가 있습니다. 60조면 만 개가 60억 배 있는 셈이니 세포가 정말 무수히 많지요? 세포는 아주 작아서 맨눈으로 보기는 어렵기 때문에 현미경으로 볼 수 있습니다.

　세포에는 세포가 무엇을 해야 할지를 지시하는 둥근 '핵'이 있습니다. 사람의 뇌가 우리의 움직임이나 생각을 조절하는 것처럼 세포는 핵이 세포의 활동을 조절합니다. 핵 안에는 DNA라는 특별한 물질이 있는데, DNA에는 생물의 독특한 특성이 담긴 유전 정보가 있어요. 핵은 아주 중요하기 때문에 세포의 가장 안쪽에 있습니다. 세포의 가장 바깥쪽은 '세포막'이라는 얇은 막으로 둘러싸여 있고, 핵과 세포막 사이는 '세포질'이라는 물질로 채워져 있어요. 이 안에는 세포가 필요한 에너지를 만들기도 하고 세포가 맡은 고유의 일을 담당하기도 하는 '세포소기관'이 있습니다.

　식물과 동물은 세포 모양이 다르답니다. 동물 세포에는 없지만 식물 세포에는 있는 '세포벽' 때문입니다. 양파의 세포를 들여다보면, 세포 여러 개가 벽돌처럼 쌓여 있는 모습입니다. 식물 세포에는 세포막 바깥에 세포의 형태를 유지하고 보호하는 세포벽이 있어 식물에 뼈가 없어도 형태를 단단하게 유지하도록 해 줍니다. 줄기는 조금 더 단단한 세포벽을 가지고 있고, 잎에서 광합성을 담당하는 세포는 줄기보다 얇은 세포벽을 가지고 있습니다. 어떤 역할을 담당하는 세포인가에 따라 세포벽의 두께도 다른 것이지요.

　세포에 대한 여러 속설 중 '머리를 때리면 뇌세포가 줄어든다'는 말이 있습니다. 머리 부위에 지속적으로 충격이 가는 미식축구나 권투 선수들이 은퇴한 후 뇌세포 손상 증세를 보였기 때문입니다. 뇌세포에는 뉴런이라는 신경 세포가 오솔길처럼 여러 갈래로 연결되어 있는데, 머리가 흔들릴 정도의 큰 충격을 받을 때마다 이 연결이 끊어져서 학습 속도가 느려지고 기억력이 줄어든답니다. 뇌세포를 보호하기 위해 장난으로라도 머리를 때리는 건 주의해야 해요.

　또, '소아 비만이 성인 비만보다 위험하다'는 이야기는 지방 세포와 관련이 있습니다. 성인은 보통 지방 세포를 300억 개 가지는데, 비만인은 1000억 개의 지방 세포를 가지기도 합니다. 어린 시절에는 지방 세포의 개수가 늘어나고, 성인이 되면 가지고 있는 지방 세포가 커지는데, 한번 늘어난 지방 세포의 개수는 줄지 않기 때문이에요. 어린 시절에 비만이면 지방 세포의 개수가 많아져 성인이 되었을 때 살을 빼더라도 지방 세포의 부피만 줄어들 뿐 세포의 개수가 이미 많기 때문에 다른 사람들보다 살이 찌기 쉬운 체질이 됩니다.

　마찬가지로 운동을 많이 해서 근육이 생겼다는 것은 근육 세포의 부피가 커졌다는 말입니다. 공부를 열심히 하면 뇌세포 속 뉴런의 연결이 더 활발해지지요. 어떤 세포를 키우고 싶은가요? 현재 내가 가장 많이 하는 일이 나의 세포를 키운답니다. 과학책을 열심히 읽으면 과학에 대한 배경지식이 세포처럼 연결되는 것처럼요.

어휘 확장

이 어휘를 통해 문해력이 더 깊어질 수 있어요!

- **세포** : 생물의 기본 단위.
- **세포핵** : 세포 안에 있는 둥근 모양의 물질. DNA를 담고 있는 가장 중요한 부분.
- **DNA** : 세포 속에 있는 긴 실 모양의 물질. 나선형 모양으로 꼬여 있다. DNA에는 개개인의 타고난 유전에 대한 정보가 들어 있다.
- **유전 정보** : 부모로부터 전해지는 정보. 부모와 자녀가 성격이나 체질, 모습이 닮는 것은 유전 정보가 전해졌기 때문이다.
- **세포질** : 세포에서 핵을 제외한 세포막 안의 부분. 주로 단백질과 물로 이루어져 있다. 세포질 안에는 각자 자신의 역할을 하는 세포 소기관도 있다.
  ❶ 엽록체는 광합성을 돕는 세포소기관입니다.
- **세포막** : 세포를 둘러싸고 있는 얇은 막. 세포 내부를 외부 환경으로부터 보호한다.
- **세포벽** : 식물 세포에서 세포막 바깥쪽에 있는 단단한 층. 세포벽에도 작은 구멍이 있어서 물과 영양분이 드나들 수 있다. 세포의 역할마다 세포벽의 두께가 다르다.
- **뇌세포** : 뇌를 구성하는 기본 단위. 뇌세포에 뉴런이 있다.
- **뉴런** : 뇌의 정보 처리를 담당하는 핵심 세포. '신경 세포'라고도 한다. 뉴런과 뉴런이 연결되며 신호를 전달한다.

근데 잠깐만!
'세포'라는 말은 무슨 뜻이라고 했더라?

민재에게 이 과학 개념을 설명해 주세요.
민재야, **'세포'**는

글을 잘 읽고 이해했는지 확인해 봅시다.

문제를 풀며 글을 한 번 더 찬찬히 읽어 보세요!

1. 글을 읽고 식물 세포에 대한 설명으로 옳은 것을 모두 고르세요.

   ① 세포벽의 두께는 세포 간에 차이 나지 않는다.

   ② 광합성을 담당하는 엽록체도 세포소기관 중 하나다.

   ③ 세포는 핵에 유전 정보를 담아 생물의 활동을 조절한다.

   ④ 식물 세포에만 있는 세포막은 세포를 단단하게 보호한다.

   ⑤ 세포는 우리 몸을 구성하는 기본 단위로 모두 비슷한 일을 한다.

2. 세포에 대해 나누는 친구들의 대화를 보고 세포에 대해 잘못 알고 있는 친구를 고르세요.

   > 주환 어릴 때 살이 찌면 커서도 살이 찌기가 쉽대.
   > 윤서 아! 어린 시절에는 살이 찌면 지방 세포의 개수가 늘어나서 그래.
   > 주원 다이어트하면 지방 세포 개수도 줄어들겠지. 괜찮아.
   > 은서 아얏! 머리 때리면 뇌세포가 손상된대! 장난으로라도 하지 마!

   답 _____

식물은 뼈가 없어도 모양과 형태를 유지합니다. 동물과 어떤 차이가 있는지 세포와 관련지어 한 줄로 적어봅시다.

_____

어느 병원에 가야 할까요?

길을 가다가 병원 간판을 보면 이비인후과, 안과, 비뇨기과, 피부과 등 다양한 진료 과목들이 적혀 있습니다. 어린이들이 아플 때 소아청소년과에 가는 것처럼 환자의 나이를 기준으로 진료 과목을 나누기도 하고, 아픈 곳을 기준으로 진료 과목을 나누기도 해요.

먼저 이비인후과는 코와 목, 귀와 관련된 질병을 치료합니다. 심한 콧물감기나 축농증, 기침감기 등의 질환을 치료할 수 있어요. 만일 쉽게 낫지 않거나 폐를 포함한 호흡기 전체의 문제라면 대학 병원의 호흡기내과에서 진료 받을 수 있습니다. 천식부터 폐렴, 만성 폐질환을 다루지요.

안과에서는 시력을 교정하거나 눈에 생긴 염증과 질병을 치료합니다. 한번 나빠진 시력은 다시 돌아오지 않기 때문에 학교에서도 매해 시력 검사를 하며 관리합니다. 눈 주위가 간지럽거나 부어오르는 등 염증이 생겼을 때도 안과로 갑니다.

화상이나 타박상을 크게 입어 피부에 문제가 생겼을 때는 피부과에 갑니다. 또 여드름 같은 피부 질환이나 티눈, 사마귀 등을 제거할 때도 피부과로 가지요. 외모를 예쁘게 만든다고 생각해 피부과와 성형외과가 비슷하다고 오해하기도 하지만, 피부 질환이나 피부결을 개선할 때는 피부과로, 수술을 통한 치료는 성형외과로 분야가 나뉩니다.

가끔 만들기를 하다가 손가락이 깊게 베인 친구들은 응급실이나 정형외과, 성형외과 등 외과적 처치가 가능한 병원으로 가야 합니다. 벌어진 상처를 봉합해야 하므로 병원을 가기 전에 미리 전화해 보고 방문하는 편이 좋아요.

운동을 하다 뼈나 근육을 다쳤을 때는 정형외과에 갑니다. 어긋난 뼈를 맞추고 다친

더 깊은 배경지식이 궁금하다면?

부분을 단단한 재료로 고정해 뼈와 근육이 회복되도록 돕지요. 잘못된 자세로 몸의 균형이 맞지 않을 때도 정형외과에서 운동 치료나 물리 치료를 받을 수 있답니다.

배가 아프거나 두통이 있을 때는 내과나 소아청소년과에서 1차 진료를 봅니다. 위암이나 대장암 등 질환의 정도가 심한 경우에는 대학 병원의 소화기내과에서 전문적인 치료를 받아요. 백혈병은 혈액종양내과에서 진료를 본답니다.

비뇨기과는 주로 남성의 생식기와 관련된 질병을 치료합니다. 요로 감염이나 요로 결석 등 소변을 볼 때 문제가 있다면 비뇨기과로 갑니다. 그럼 소변 검사도 비뇨기과에서 하는 것이 아닌가 생각하기도 하지만, 소변 검사는 소아과나 내과 등 우리 몸을 가장 먼저 진찰하는 병원에서 시행하는 기초 조사입니다. 배설 기관 중 신장에 문제가 있다면 대학 병원의 신장내과로 가서 진료를 받을 수도 있어요.

산부인과는 임신이나 출산뿐만 아니라 여성의 생식기와 관련된 질병을 다룹니다. 소변을 봐도 계속 마렵거나 생식기가 가렵다면 산부인과에서 진료를 봅니다.

심장이나 혈액 순환에 문제가 생겼을 때는 순환기내과나 흉부외과에서 치료할 수 있습니다. 내과는 수술 없이 치료하는 편이고, 외과는 수술로 직접 치료하기 때문에 질환에 따라 전문의들끼리 상의해서 방법을 결정하기도 합니다. 의사들이 나오는 드라마에서 전문 분야가 다른 의사들끼리 회의하는 장면이 종종 등장하는데, 같은 질환도 여러 방법으로 치료할 수 있기 때문에 가장 좋은 방법을 택하기 위해 논의하는 것이랍니다.

Part 04

지구의 지층과 화석은 시간의 흔적을 담고 있습니다. 다양한 지구의 모습을 살펴보며 과거 지구의 모습을 상상해 봅시다. 낮과 밤, 계절이 어떻게 변화하는지 규칙을 살펴보며 우리가 사는 공간의 작동 방식에 대해 탐구해 봅시다.

지구와 우주는 어떻게 움직이고 있을까요?

배경지식을 쌓는 과학 이야기 19

층층이 쌓이면 모두 지층인가요?

　미국의 그랜드 캐니언은 층층이 쌓인 줄무늬가 장관을 이루는 계곡입니다. 거대한 절벽들과 시루떡처럼 선명한 지층은 자연이 오랜 시간 만들어 낸 아름다움을 보여 주지요. 어떻게 그 엄청난 규모의 협곡 전체에 선명한 줄무늬가 생겼을까요?

　그랜드 캐니언의 줄무늬와 같이 퇴적물이 층층이 쌓여서 굳어진 지형을 '지층'이라고 합니다. 알갱이가 작은 진흙이 퇴적되기도 하고, 알갱이가 큰 자갈이 퇴적되기도 합니다. 한 층, 한 층 차례로 퇴적물이 올라가며 굳어지기 때문에 보통 가장 아래에 쌓인 퇴적물이 가장 오래된 퇴적물이랍니다.

　지층의 한 층 한 층은 퇴적물이 굳어 만들어진 퇴적암이기도 합니다. 하지만 퇴적암은 단순히 오래되어서 굳어진 암석을 말하는 게 아닙니다. 물이나 바람에 의해 침식된 자갈이나 모래는 물과 바람을 따라 이동하다가 어느 순간 멈춥니다. 그 위에 다른 침식물들이 켜켜이 쌓이지요. 아주 긴 시간 동안 가장 아래에 깔린 퇴적물들은 위에 쌓인 다른 퇴적물들의 무게에 눌리며 다져집니다. 자갈과 자갈 사이, 혹은 모래와 모래 사이 빈틈이 점점 줄어들고 더 긴 시간이 지나면 오랜 시간 눌린 퇴적물 사이에서 그들을 딱딱하게 엉겨 굳히는 접착 물질이 나옵니다. 즉 큰 압력으로 단단하게 엉겨 굳은 암석을 퇴적암이라고 한답니다.

　퇴적암은 굳어진 알갱이의 크기에 따라 명칭이 달라집니다. 알갱이 크기가 2밀리미터(mm)보다 큰 자갈이 3분의 1 이상이면 '조약돌 력(礫)'을 써서 '역암'이라고 합니다. 굵은 자갈이 분명하게 보일 만큼 울퉁불퉁해요. 자갈보다 작은 모래알이 퇴적되어 만들어진 암석은 '모래 사(沙)'를 사용해 '사암'이라고 부르고, 진흙으로 만들어진 암석은 '진흙 이(泥)'를 붙여 '이암'이라고 합니다. 이암은 부드러운 진흙이 퇴적되었기 때문에 알갱이가 거의 보이지 않아요.

　퇴적물이 쌓여 층을 이룬 지층은 아주 오랜 시간에 걸쳐 만들어졌기 때문에 어떤 때에는 주로 진흙이 쌓여 이암층이 되기도 하고, 또 어떤 때에는 자갈이 쌓여 역암층이 되기도 합니다. 또 어느 날에는 땅이 큰 힘을 받아 움직이기도 했고, 그 위에 다시 퇴적물들이 쌓이기도 했지요. 어떤 퇴적물이 쌓였느냐, 어떤 힘을 받았느냐에 따라 지층의 두께와 색도 모두 다르게 나타나는 겁니다. 지층의 여러 층들은 아주 긴 시간에 걸쳐 만들어진 결과물이기 때문입니다.

　돌멩이를 한 층씩 쌓아 만든 소원돌탑이나 층층이 쌓인 성곽도 지층일까요? 그건 아닙니다. 지층 또한 퇴적암을 단순히 쌓아 놓은 것이 아니라 큰 힘으로 눌려 다져지고 탄산칼슘이나 규산, 석회분 등의 물질에 의해 엉겨 굳은 것을 말해요. 이 과정에는 아주 오랜 시간이 걸리기 때문에 성곽이나 소원돌탑처럼 층층이 쌓는다고 해서 만들 수 있는 것이 아닙니다. 그랜드 캐니언의 경우 가장 오래된 암석층은 약 17억에서 20억 년 전에 만들어졌습니다. 공룡이 약 2억 2천 5백만 년 전에 처음 등장했다고 보니 공룡이 살던 시대보다도 훨씬 오래전 초기 지구부터 퇴적물이 쌓이며 지층의 역사가 시작된 셈입니다.

　지층은 편평하게만 쌓인 것이 아니라 기울어지거나 층이 어긋나 끊어져 있기도 하고 휘어져 있기도 합니다. 고무찰흙을 층층이 쌓아 지층 모형을 만든 뒤 양쪽에서 밀면 위로 봉긋 솟은 산이 되지요? 마찬가지로 땅속 깊은 곳의 큰 힘이 지층의 모양을 바꾸기도 해요. 지층이 큰 힘을 받아 끊어지며 한쪽은 올라가고 한쪽은 내려간 줄무늬가 관찰되기도 합니다. 이렇게 지층이 어긋난 현상을 '단층'이라고 부르는데, 단층을 보고 오래전 지구 표면에 어떤 힘이 작용했는지 추측할 수 있답니다. 또 지층의 모습을 바탕으로 지진의 위험을 예측하기도 해요. 지층은 지구의 나이테처럼 지구의 역사가 그려져 있답니다.

어휘 확장

이 어휘를 통해 문해력이 더 깊어질 수 있어요!

- **그랜드 캐니언** : Grand Canyon. 대협곡. 미국 서남부 아리조나주의 북부에 있는 거대한 협곡. 콜로라도강이 콜로라도고원을 가로지르며 생긴 웅대한 절벽과 다양한 색의 지층이 아름다운 경관을 자랑한다.
- **협곡** : 하천 하부가 심하게 침식되어 생기는 좁고 깊은 골짜기.
- **지층** : 알갱이의 크기나 색, 성분이 달라서 위아래의 퇴적암과 구분되는 퇴적암 층.
- **침식** : 비, 하천, 빙하, 바람 등의 자연 현상이 지표면을 깎는 일.
- **퇴적** : 깎여 나간 암석이나 죽은 생물의 흔적이 물이나 빙하, 바람 등으로 운반되어 일정한 곳에 쌓임.
- **퇴적물** : 깎여 나간 암석이나 죽은 생물의 흔적이 퇴적되어 쌓인 물질.
- **퇴적암** : 퇴적물들이 오랜 시간 동안 열과 압력을 받아 단단하게 굳은 암석.
- **역암** : 자갈이 전체의 1/3 이상 쌓여 만들어진 퇴적암.
- **사암** : 모래가 쌓여 만들어진 퇴적암.
- **이암** : 미세한 진흙이 쌓여서 딱딱하게 굳어 만들어진 퇴적암.
- **성곽** : 적을 막기 위하여 흙이나 돌을 높이 쌓아 만든 담.
- **엉기다** : 점성이 있는 액체나 가루가 한 덩어리가 되면서 굳어짐.
- **단층** : 끊을 단(斷), 층 층(層). 땅속 깊은 곳의 큰 힘으로 지층이 갈라져 어긋나는 현상.
  - ❗ '하나의 층으로만 이루어졌다'는 단층(單層)과는 다른 한자를 씁니다.

근데 잠깐만!
'지층'이라는 말은 무슨 뜻이라고 했더라?

민재에게 이 과학 개념을 설명해 주세요.
민재야, **'지층'**은

글을 잘 읽고 이해했는지 확인해 봅시다.

문제를 풀며 글을 한 번 더 찬찬히 읽어 보세요!

1. 글을 읽고 지층에 대한 설명으로 옳지 않은 것을 고르세요.

   ① 소원돌탑이나 성곽은 지층이라고 할 수 없다.
   ② 퇴적물이 오래되어서 굳어지면 퇴적암이 된다.
   ③ 퇴적물의 알갱이 크기에 따라 퇴적암을 구분한다.
   ④ 지층이 큰 힘을 받아 움직인 후에도 퇴적물이 쌓일 수 있다.
   ⑤ 대부분의 경우 가장 아래 쌓인 퇴적물이 가장 오래된 것으로 본다.

2. 다음 중 무엇을 설명하는지 빈칸에 쓰세요.

   지층은 평평하게만 쌓여 있는 것이 아니라 때로 큰 힘을 받아 끊어지기도 합니다. 지층이 힘을 받아 위아래로 어긋나서 한쪽은 올라가고 한쪽은 내려간 줄무늬가 관찰되기도 합니다. 지층이 어긋나 있는 현상을   이라 부릅니다.

   답

퇴적암을 역암, 사암, 이암으로 구분하는 기준은 무엇인지 생각해 보고 각각 설명해 주세요.

 배경지식을 쌓는 과학 이야기 20

화석은 어떻게 만들어졌을까요?

　경상남도 고성에 가면 바닷가 근처에 공룡 박물관이 있습니다. 고성은 세계 3대 공룡 발자국 화석지로 약 5,000여 개의 공룡 발자국이 발견되었답니다. 상족암 화석 탐방로를 따라 걸으면 다양한 크기와 모양의 공룡 흔적을 관찰할 수 있지요. 그런데 이 발자국 화석은 어떻게 만들어졌을까요? 단단한 바위인데도 점토에 찍은 것처럼 선명하게 남아 있거든요.

　오래 전 살았던 고생물들의 화석은 크게 흔적 화석과 몸체 화석으로 구분됩니다. 흔적 화석은 발자국 화석처럼 고생물이 살았던 흔적이 남아 있는 것을 말해요.

　흔적 화석이 만들어지려면 여러 조건을 동시에 만족시켜야 합니다. 첫째, 부드러운 땅 위에 공룡의 발자국이 찍혀야 합니다. 습지나 바닷가처럼 부드럽되 너무 물러서 발자국이 무너져서는 안 됩니다. 둘째, 발자국이 찍힌 뒤에 땅이 적당히 말라야 합니다. 바짝 마르면 도리어 형태가 부서지기 때문에 위에 퇴적물이 쌓일 수 있을 정도로만 건조되면 좋습니다. 셋째, 모래나 작은 돌 혹은 화산재 등이 발자국에 채워져야 합니다. 특히 화산재처럼 빠르게 덮이면 더 선명하게 남습니다. 넷째, 덮인 발자국 위에 새로운 퇴적물이 쌓이며 눌리고, 아주 오랜 시간에 걸쳐 엉겨 굳으며 돌이 되어야 합니다. 그래서 지층 사이에서 발견되는 화석도 많답니다. 다섯째, 뒤덮였던 퇴적물이 깎이면서 발자국이 드러나야 합니다. 퇴적되었다가 침식되는 과정을 섬세하게 거쳐야 하니 정말 쉽지 않지요?

　몸체 화석은 동물의 뼈나 껍질, 혹은 식물의 줄기나 잎이 퇴적물에 빠르게 묻혀서 굳어진 경우를 말합니다. 식물의 잎이나 동물의 사체는 시간이 지나면 분해되는데, 그 과정에서 땅속에 스며들어 있던 무기질이 뼈나 껍질에 침투해 단단하게 굳는 겁니다. 혹은 유해가 묻혀 있던 빈 공간을 광물들이 차지해서 마치 붕어빵 틀에 반죽을 붓는 것처럼 모양대로 굳어 버리는 거지요. 화석이 되지 않은 뼈는 오랜 시간이 지나면 분해되어 사라지기 때문에 우리가 볼 수 있는 공룡 뼈는 위의 과정을 거쳐 만들어진 화석이랍니다. 물론 화석화가 되었더라도 지진이나 화산 활동 등으로 사라지지 않아야만 지금까지 남을 수 있으니, 자연에서 화석을 발견한다는 것은 정말 귀한 일입니다.

박물관에 가장 많이 보이는 화석은 삼엽충과 암모나이트입니다. 둘 다 단단한 골격을 가져서 다른 생물에 비해 화석이 되기 쉬웠을 것입니다. 삼엽충은 고생대에 만들어진 지층에서 주로 발견되었고, 암모나이트는 중생대에 생긴 지층에서 발견되었습니다. 때문에 삼엽충은 고생대에 살았던 생물로, 암모나이트는 고생대 이후 중생대에 살았던 생물로 추정하지요.

또, 높은 산에서 산호 화석이 발견되는 경우도 있답니다. 현재 산호는 따뜻하고 얕은 바다에서 사는데, 어떻게 높은 산에 산호가 있을까요? 지금은 높은 산일지라도 먼 옛날에는 그곳이 바다였을 거라고 추정해 볼 수 있어요. 지층과 화석으로 먼 옛날 지구의 역사와 환경, 생명체가 어떻게 변했는지를 연구할 수 있답니다.

석유나 석탄, 천연가스를 화석 연료라고 부릅니다. 마치 화석처럼 고생물의 잔해가 지층 안에서 열과 압력을 받아 만들어졌기 때문입니다. 250년 전에는 석유가 공룡의 잔해라고 생각했으나, 최근에는 바닷속 플랑크톤이나 박테리아 같은 유기물이 오랜 시간 동안 깊은 진흙층 속에서 열과 압력을 받아 만들어졌다는 이론이 널리 받아들여집니다. 액체로 변하면 석유로, 기체로 변하면 천연가스가 되는 것이지요. 하지만 화석 연료가 만들어지는 데 얼마나 긴 시간이 걸리는지, 어떤 과정이 필요한지는 여전히 연구 중이랍니다.

어휘 확장

이 어휘를 통해 문해력이 더 깊어질 수 있어요!

- **화석** : 될 화(化), 돌 석(石). 과거 생물의 유해나 흔적이 퇴적되거나 보존된 채 남은 것.
- **흔적 화석** : 동물의 발자국이나 기어간 흔적, 식물의 흔적 등이 화석으로 남은 것.
- **몸체 화석** : 뼈나 피부와 같은 몸체가 화석이 된 것.
- **화산재** : 화산 폭발로 생겨나는 작은 암석 조각 중에서 크기가 모래알보다 작은 것.
- **무기질** : 뼈나 치아의 형성에 관여하는 화합물. 미네랄이라고도 불린다.
- **침투하다** : 액체 등이 스며들어 배다.
- **화석화** : 화석으로 만듦.
- **삼엽충** : 주로 고생대 지층에서 발견되는 편평한 바다 생물. 가장 큰 것이 50cm 정도로 등은 단단한 딱지로 되어 있다.
- **암모나이트** : 주로 중생대 지층에서 발견되고 단단한 나선형 모양의 껍질을 가진 연체동물.
- **중생대** : 고생대와 신생대 사이의 시기. 공룡과 같은 거대한 파충류 및 양서류나 암모나이트가 번성했다.
- **고생대** : 원생대와 중생대 사이의 시기.
- **화석 연료** : 지질 시대에 생물이 땅속에 묻혀 열과 압력을 받아 오늘날 연료로 이용하는 물질. 석유나 석탄, 천연가스를 통틀어 부르는 말이다.
- **유기물** : 생체를 이루며 생명력에 의해 만들어지는 물질.

근데 잠깐만! **'화석'**이라는 말은 무슨 뜻이라고 했더라?

민재에게 이 과학 개념을 설명해 주세요.
민재야, **'화석'**은

진짜 읽기

글을 잘 읽고 이해했는지 확인해 봅시다.
문제를 풀며 글을 한 번 더 찬찬히 읽어 보세요!

1. 다음은 자연사 박물관에 간 친구들의 반응입니다. 올바르게 추론한 학생을 모두 고르세요.

   ① 다혜 "공룡 뼈는 부패하지 않아서 그대로 화석이 되었어."
   ② 승준 "암모나이트 화석이 있으니 중생대 전시관이구나."
   ③ 은호 "바다에서 발견된 화석이 많은 걸 보니 과거에 바다가 넓었나 봐."
   ④ 지안 "산 위에서 산호 화석이 나왔대. 옛날에는 산호가 산에서 살았나 봐."
   ⑤ 선호 "이 화석들로 석유나 석탄 같은 화석 연료를 만들 수 있겠어."

2. 글을 읽고 흔적 화석이 만들어지는 과정을 차례대로 나열하세요.

   ㉠ 모래나 작은 돌, 화산재 등의 퇴적물이 발자국 안에 채워진다.
   ㉡ 덮인 발자국 위에 새 퇴적물이 쌓인 채 눌려 오랜 시간 엉겨 굳는다.
   ㉢ 발자국이 찍힌 후 땅이 적당히 마른다.
   ㉣ 뒤덮였던 퇴적물이 침식되며 발자국 화석이 보인다.
   ㉤ 부드러운 땅 위에 공룡의 발자국이 찍힌다.

   ☐ → ☐ → ☐ → ☐ → ☐

세 줄 글쓰기! 현대의 물건이나 생물, 생활 흔적이 화석으로 남는다면 가장 흔하게 발견될 만한 화석이 무엇이 있을지 고민해 보고, 그 이유를 함께 적어 보세요.

_____
_____
_____

배경지식을 쌓는 과학 이야기 21

미래 에너지의 해결책을 찾아보아요

지구에 남은 화석 연료 중 석유와 천연가스는 약 50여 년가량 사용할 분량이, 석탄은 약 110년간 사용할 분량이 있습니다. 약 100여 년 후에는 화석 연료가 바닥나는 셈이지요. 이마저도 화석 연료를 쓰면 지구 온난화가 심해지는 탄소가 배출되므로 사용하지 말아야 한다는 의견도 있답니다.

에너지 고갈에 대비하기 위해 사람들은 대체 에너지를 찾기 시작했습니다. 1951년 미국의 실험용 원자로에서 최초로 원자력 발전을 시작했습니다. 우리나라는 1978년부터 고리 원자력 발전소를 세웠고 지금도 에너지를 만들고 있어요. 원자력 발전은 핵분열로 에너지를 만듭니다. 물질을 이루고 있는 가장 최소 단위인 원자마다 핵을 가지고 있는데, 그 핵을 두 개로 분열시킬 때 나오는 열로 터빈을 돌려 전력을 만들어 내지요. 많은 양의 에너지를 만들 수 있고, 온실가스와 미세 먼지가 거의 나오지 않습니다. 그러나 원자력 발전을 친환경 에너지라고 분류하기에는 논란이 있습니다. 원자력 발전으로 생기는 방사능 폐기물은 자연 상태로 되돌아가기까지 수십만 년이 걸립니다. 또 지진 같은 재해가 벌어졌을 때 방사능 폐기물이 유출되면 생물들에게 몹시 해로운 영향을 끼치지요. 게다가 원자력 발전에 사용되는 우라늄과 같은 방사성 원소 역시 화석 연료처럼 고갈되는 자원이라 다른 에너지가 필요합니다.

대체 에너지 중 자연적으로 재생할 수 있는 자원을 재생 에너지라고 합니다. 우리나라의 재생 에너지는 태양열, 태양광, 바이오매스, 풍력, 수력, 지열, 해양 에너지, 폐기물 에너지로 총 8개 분야입니다. 재생 에너지는 화석 연료처럼 한 번 다 쓰면 더 이상 생산되지 않는 것이 아니라 태양 에너지가 지구에 들어오는 한 계속 재생할 수 있답니다. 또, 탄소를 줄일 수 있어서 재생 에너지 발전량을 늘리기 위해 애쓰고 있지요.

　우리나라에서는 재생 에너지 중 태양광과 풍력 발전량의 비중이 높은 편입니다. 풍력 발전기는 바람으로 발전기의 날개를 회전시켜 전기 에너지를 만들기 때문에 바람이 많이 부는 지역에 설치됩니다. 우리나라에서는 강원도 평창이나 태백 같은 산악 지역에 주로 설치되어 있어요. 태양광 패널은 건물이나 집 옥상에 설치합니다. 최근 몇 년간 빈 땅이나 산비탈 등에도 태양광 패널을 많이 설치했습니다. 신호등이나 전광판 위에도 작은 까만색 태양광 패널을 볼 수 있어요. 낮에 태양 에너지를 받아 배터리를 충전하고 밤이나 흐린 날에는 저장된 에너지로 신호등을 작동시킵니다.

　수소나 연료 전지 등은 신에너지로 분류됩니다. 기존에 있던 자원에서 새로운 기술을 통해 친환경적으로 에너지를 생산하기 때문이에요. 신에너지는 온실가스를 줄일 수 있어 주목받습니다. 대표적인 예로는 수소 차가 있어요. 수소 차는 수소와 산소의 화학 반응을 통해 전기를 만들어 움직이는 차입니다. 주행하면서 공기를 정화하는 기능이 있어 '달리는 공기 청정기'로도 불립니다. 충전소가 많지 않아 일부 지역에서만 쓰입니다.

　휘발유 대신 전기를 사용한 전기차는 점점 많이 쓰이고 있어요. 중국에서는 무려 전체 자동차 판매량의 반 이상을 차지하고, 유럽에서도 판매량의 25%가 전기차입니다. 우리나라는 아직 중국이나 유럽보다는 전기차가 많지 않지만, 충전소를 설치하는 등 전기차를 위한 정책을 펼치고 있어요.

　환경을 지키고, 지속 가능한 에너지를 찾기 위해 많은 사람들이 노력하고 있습니다. 우리나라는 2030년까지 재생 에너지 발전을 20%로 늘리겠다는 목표를 갖고 있습니다. 에너지 절약을 더한다면 지속 가능한 에너지 활용에 한발 더 다가갈 수 있습니다.

어휘 확장

이 어휘를 통해 문해력이 더 깊어질 수 있어요!

- **대체 에너지** : 기존의 화석 연료를 대신할 새로운 에너지. 액화 석탄, 원자력, 태양열 등을 포함한다.
- **고갈되다** : 다 써서 없어지다.
- **원자력** : 원자핵의 붕괴(핵분열)나 핵융합으로 만드는 에너지.
- **터빈** : 기체나 액체의 힘으로 날개를 돌려 회전시키는 원동기.
- **친환경 에너지** : 에너지의 개발과 이용 중에 오염 물질이 거의 생성되지 않는 에너지.
- **방사능 폐기물** : 원자력 발전 이후에 생기는 방사능이 남아 있는 물질.
- **방사성 원소** : 방사능을 가지는 원소. 우라늄, 토륨 등이 있음.
- **수소 에너지** : 수소를 연소하여 그 폭발력을 이용해 에너지를 만듦.
  - ❗ 현재 생산되는 수소의 대부분은 화석 연료에서 생산됩니다. 그렇기 때문에 수소 에너지는 기존의 화석 연료를 바탕으로 새로운 기술을 이용해 친환경적으로 생산하는 신에너지로 분류합니다.
- **연료 전지** : 천연가스 등에서 추출한 수소를 공기 중의 산소와 반응시켜 전기를 얻는 장치.
- **화학 반응** : 두 가지 이상의 물질 사이에 화학 변화가 일어나서 다른 물질로 변화하는 과정. 화학 반응이 일어나면 이전의 물질과 성질이 달라진다.

> 근데 잠깐만! **'재생 에너지'**라는 말은 무슨 뜻이라고 했더라?

민재에게 이 과학 개념을 설명해 주세요.

민재야, **'재생 에너지'**는

진짜 읽기

글을 잘 읽고 이해했는지 확인해 봅시다.
문제를 풀며 글을 한 번 더 찬찬히 읽어 보세요!

1. 글을 읽고 에너지와 그 설명을 알맞게 짝지어 보세요.

   대체 에너지 •　　• 기존에 있던 자원을 바탕으로 새로운 기술을 통해 친환경적으로 생산하는 에너지.

   친환경 에너지 •　　• 에너지의 개발과 이용 중에 오염 물질이 거의 생성되지 않는 에너지.

   재생 에너지 •　　• 자연적으로 재생 가능한 에너지.

   신에너지 •　　• 기존의 화석 연료를 대신할 새로운 에너지.

2. 다음 중 우리나라가 정한 재생 에너지에 모두 동그라미 표시하세요.

   > 태양열 발전, 풍력 발전, 수소 에너지, 폐기물 에너지, 지열 발전, 원자력 발전, 태양광 발전, 바이오매스, 수력 발전, 연료 전지, 해양 에너지, 액화 석탄

세 줄 글쓰기!

현재 개발하고 있는 미래의 에너지들은 어떤 특징이 있나요? 더 필요한 특징이 있다면 간단하게 적어 봅시다. (~했으면 좋겠습니다.)

배경지식을 쌓는 과학 이야기 22

"나 오늘 저기압이야."라는 말은 무슨 의미일까요?

"오늘 저기압이야. 조심해야겠어."

저기압은 날씨를 말할 때 사용하는 용어지만, 기분이 가라앉았다는 것을 비유적으로 나타내기도 합니다. 저기압의 어떤 특징 때문에 그렇게 쓰이는 걸까요?

기압은 공기의 무게로 생기는 힘입니다. 공기가 많을수록 무거워져서 공기의 압력, 즉 기압이 높아집니다. 이런 곳을 고기압이라고 합니다. 반대로 저기압은 주변보다 공기의 양이 적고 가벼워 기압이 낮은 곳을 말하지요.

그럼 공기가 많은 곳과 공기가 적은 곳이 만나면 무슨 일이 일어날까요? 물이 양이 많은 곳에서 적은 곳으로 이동하는 것처럼 공기 또한 공기가 많은 곳에서 적은 곳으로 이동합니다. 즉, 고기압에서 저기압으로 공기가 이동하지요. 이러한 공기의 이동을 우리는 '바람'이라고 불러요.

따뜻해지면 공기 입자가 활발히 움직이면서 입자 간의 간격이 넓게 벌어집니다. 간격이 벌어지니까 일정한 공간 안에 있는 입자의 개수는 줄어들겠지요? 그럼 그 공간에 있는 공기는 가벼워지기 때문에 위로 올라갑니다. 공기의 무게가 주변보다 가벼워지는 저기압이 되지요.

높은 곳으로 올라갈수록 주변 온도가 낮아지기 때문에 따뜻했던 공기는 위로 올라갈수록 차가워집니다. 공기의 온도가 낮아지면 머금고 있던 수증기가 물방울로 응결돼요. 물방울이 모여 구름이 만들어지고, 하늘이 흐려집니다. 구름이 무거워지면 비가 오기도 해요. 이처럼 저기압일 때는 위로 올라간 공기가 응결하기 때문에 날씨가 흐리거나 비가 오는 경우가 많습니다. 흐린 날씨처럼 우울한 기분을 저기압이라고 표현하는 이유입니다.

　고기압에서는 공기의 움직임이 달라집니다. 차가운 공기는 입자 간의 간격이 좁아 같은 공간 안에 공기 입자가 더 많습니다. 무거운 공기가 아래로 내려오면서 기압이 주변보다 높아졌고, 따뜻한 지표면 근처에 오면서 가지고 있던 수분이 증발합니다. 덕분에 구름이 없고 맑은 날을 보여 주지요.

　즉 공기의 온도에 따라서도 기압이 달라지면서 바람의 방향 또한 달라집니다. 여름철 바다에서는 모래와 바닷가의 온도 차이 때문에 바람 방향이 바뀌는 것을 관찰할 수 있어요.

　한여름 해수욕장에 가면 모래사장이 매우 뜨겁습니다. 한낮에는 뜨거운 해가 바닷물과 육지를 동시에 달구지만 모래와 물의 특성이 달라 육지가 훨씬 빨리 데워집니다. 그래서 모래사장은 뜨겁고 바닷물은 시원합니다. 뜨거워진 육지는 육지 위의 공기를 함께 데우고, 데워진 공기는 높은 곳으로 올라가면서 저기압이 형성됩니다. 상대적으로 바다는 고기압이 되지요. 바람은 고기압에서 저기압으로 이동하는 공기의 흐름이기 때문에 바다에서 육지로 바람이 붑니다. 이것을 바다에서 불어오는 바람, 해(海, 바다 해)풍이라고 합니다.

　해가 없는 밤에는 육지가 물보다 더 빠르게 식습니다. 물은 크게 뜨거워지지도 않고 차가워지지도 않지만, 육지는 낮에는 뜨겁고 밤에는 차갑게 온도가 변하기 때문입니다. 그래서 육지에 비해 공기가 따뜻한 바다에 저기압이 형성됩니다. 이에 따라 육지에서 바다로 바람의 방향이 바뀝니다. 이것을 육지에서 불어오는 바람, 육(陸, 육지 육)풍이라고 합니다. 해풍과 육풍을 합쳐 해륙풍이라고 부르지요.

　기압에 따라 비나 구름을 예상할 수 있기 때문에 고기압과 저기압의 이동 방향을 확인해 날씨 예보를 합니다. 고기압이 가까이 오면 맑은 날이 예상되고, 저기압이 가까이 오면 흐릴 것이라고 예상하는 것처럼 말이지요. 실제 날씨 예보는 기압 이외에도 여러 가지 관측 자료를 토대로 예측한답니다.

어휘 확장

이 어휘를 통해 문해력이 더 깊어질 수 있어요!

- **기압** : 공기의 무게로 생기는 힘, 압력.
- **저기압** : 주변보다 같은 면적 안에 있는 공기 입자가 적어 가벼움. 공기가 위로 올라가려고 한다.
- **고기압** : 주변보다 같은 면적 안에 있는 공기 입자가 많아 무거움. 공기가 아래로 내려온다.
- **바람** : 고기압에서 저기압으로 이동하는 공기의 흐름.
- **수증기** : 기체 상태의 물. 눈에 보이지 않지만 공기가 머금고 있는 수분.
- **응결** : 기체 속에 있던 수분이 액체 물방울로 변하는 현상. 따뜻한 공기가 차가워지면서 물방울이 생긴다.
- **비열** : 물질 1g의 온도를 1℃ 올리는 데 필요한 에너지. 물과 모래 중 물의 비열이 더 크기 때문에 물이 모래보다 온도 변화가 작다.
- **해풍** : 바다에서 육지로 부는 바람.
  ❶ 바람은 불어오는 쪽을 기준으로 이름을 붙입니다. 남동풍은 남동쪽에서 불어오는 바람입니다.
- **육풍** : 육지에서 바다로 부는 바람.
- **해륙풍** : 해풍과 육풍을 합쳐 부르는 말.
- **맑다** : 구름, 안개가 끼지 않아 햇빛이 밝다.
  ❶ '날씨가 맑다'는 의미는 '덥다', '춥다'와 관련 없어요. 구름의 양과 기온은 다르답니다.

근데 잠깐만!
'기압'이라는 말은 무슨 뜻이라고 했더라?

민재에게 이 과학 개념을 설명해 주세요.
민재야, **'기압'**은

진짜 읽기

글을 잘 읽고 이해했는지 확인해 봅시다.

문제를 풀며 글을 한 번 더 찬찬히 읽어 보세요!

1. 글을 읽고 저기압과 고기압에 대한 설명으로 옳지 않은 것을 모두 고르세요.

   ① 저기압에서는 공기가 가벼워서 위로 올라간다.
   ② 고기압에서는 공기가 아래로 내려와서 날이 흐릴 수 있다.
   ③ 일정 기준 이상 공기가 무거워지면 고기압이라고 한다.
   ④ 고기압에서 저기압으로 공기가 이동하는 것을 바람이라고 한다.
   ⑤ 저기압에서 위로 올라간 공기는 물방울로 응결될 수 있다.

2. 글을 읽고 낮에 해변가에서 부는 바람의 방향을 화살표로 표시하세요.

밤에 바다에서 부는 바람의 방향을 다음의 단어를 넣어 설명해 주세요.
(저기압, 고기압, 온도)

_____
_____
_____

배경지식을 쌓는 과학 이야기 23

해가 지지 않는 나라가 있다고요?

해가 지지 않는 곳을 아시나요? 북유럽의 스웨덴, 노르웨이, 미국의 알래스카 등 극지방 근처의 나라는 여름에 2~3개월간 밤이 없답니다. 한밤중에도 환하게 해가 비추어서 이런 현상을 '흰 백(白)', '밤 야(夜)'를 써서 '백야'라고 해요. 백야 현상은 왜 생길까요?

백야에 대해 알아보기 위해서는 낮과 밤이 생기는 이유부터 알아봐야 합니다. 낮과 밤은 지구가 팽이처럼 돌면서 태양을 바라보거나 등지는 일이 반복되기 때문에 생깁니다. 24시간마다 한 바퀴를 돌기 때문에 태양을 바라볼 때는 낮, 태양을 등질 때는 밤이 됩니다.

지구가 자전축을 기준으로 한 바퀴 도는 것을 '스스로 자(自)', '구를 전(轉)'을 사용해 '자전'이라고 합니다. 만일 48시간마다 한 바퀴 자전했다면 하루는 낮, 하루는 밤이 되겠지요. 지구가 자전하면서 낮과 밤이 생기기 때문에, 우리가 낮이면 지구 반대편의 나라는 밤이 됩니다.

그런데 먼 옛날 사람들은 태양이 지구 주위를 돌면서 낮과 밤이 생긴다고 생각했습니다. 이런 주장을 지구는 가만히 있고 하늘이 움직인다고 하여 '천동설'이라 해요. 하지만 망원경이 발명되어 하늘을 관찰해 보니 금성도 달처럼 모양이 변했는데, 일부는 천동설이 맞는다면 나올 수 없는 모양이었어요. 또한 천동설은 모든 행성이 지구를 중심으로 돈다고 주장했지만, 갈릴레오 갈릴레이가 목성 주변을 도는 위성을 발견한 후 지구를 중심으로 돌지 않는 행성도 있다는 것을 알게 되었답니다. 이후 지구가 자전을 하면서 태양 주위를 돈다는 '지동설'에 대한 근거들이 하나둘씩 발견되었어요. 기술의 발달로 우주에서 지구를 볼 수 있게 되자 더 이상 지동설을 의심하지 않게 되었지요.

지구가 하루에 한 바퀴를 돌려면 얼마나 빠르게 돌아야 할까요? 지구는 한 시간에 1670킬로미터를 움직일 정도로 빠르게 자전하고 있습니다. 서울에서 부산까지 11분 만에 도착할 수 있는 엄청난 속도지요. 하지만 우리는 지구가 혼자 돌고 있는 것을 느끼지 못합니다. 그래서 옛 사람들이 지동설을 믿지 않았던 것이지요.

갈릴레이는 지구의 자전을 느끼지 못하는 이유를 우리가 같이 움직이고 있기 때문이라고 설명합니다. 한창 날고 있는 비행기 안에 탄 사람들은 비행기의 빠른 움직임이 전혀 느껴지지 않고 가만히 앉아 있는 것 같습니다. 만일 땅에서 아이스크림콘을 들고 서 있다가 갑자기 달리면 아이스크림 덩어리만 뒤로 떨어집니다. 하지만 빠르게 나는 비행기 안에서 아이스크림을 들고 있으면 아이스크림이 뒤로 떨어지지 않아요. 아이스크림을 들고 있는 나와 아이스크림, 비행기가 모두 같은 속도로 움직이고 있기 때문이에요. 마찬가지로 지구 위의 모든 물체는 같이 움직이고 있기 때문에 지구의 자전을 느끼지 못한답니다.

그렇다면 왜 해가 지지 않는 지역이 생길까요? 지구가 똑바로 선 상태로 태양 주위를 돈다면 모든 지역의 낮 길이는 항상 12시간으로 같을 겁니다. 하지만, 지구는 그 중심이 되는 자전축이 23.5도 기울어진 채 돌고 있어요. 때문에 극지방은 여름에 항상 태양을 보게 되어 밤이 되지 않아요. 마찬가지로 겨울에는 항상 태양을 등지게 되어 밤만 지속되는 '극야' 현상이 생긴답니다.

자전축이 기울어서 자전하기 때문에 북반구 중간에 위치한 우리나라도 여름에는 낮이 길고, 겨울에는 밤이 길어집니다. 가장 낮이 긴 날을 '하지'라고 하고 가장 밤이 긴 날을 '동지'라고 합니다. 6월 중인 '하지'에는 새벽 5시 무렵 해가 떠서 저녁 8시 무렵 해가 지고, 12월 중인 '동지'에는 아침 7시 반 무렵 해가 뜨고 저녁 5시 무렵 해가 지기 시작한답니다.

어휘 확장

이 어휘를 통해 문해력이 더 깊어질 수 있어요!

- **북유럽** : 유럽의 북부 지역. 일부 나라들은 극지방에 위치한다.
- **극지방** : 남극과 북극을 중심으로 한 주변 지역. 위도 66° 이상의 고위도 지역을 말한다.
- **백야** : 밤에도 어두워지지 않는 현상. 해가 지지 않기 때문에 식물의 성장이 활발해진다.
- **극야** : 낮에도 해가 뜨지 않고 밤만 계속되는 현상.
- **자전** : 천체가 스스로 고정된 축을 중심으로 회전함. 지구는 자전축을 중심으로 회전한다.
- **자전축** : 천체가 자전할 때 중심이 되는 축.
- **천동설** : 天動說. 우주의 중심은 지구이고, 모든 천체는 지구의 둘레를 돈다는 학설. 오늘날에는 사실이 아닌 것으로 증명되었다.
- **지동설** : 地動說. 지구는 자전하면서 태양의 주위를 돈다는 설.
- **망원경** : 두 개 이상의 볼록 렌즈를 맞추어서 멀리 있는 물체를 크고 정확하게 보는 장치.
- **위성** : 행성 주변을 도는 천체. 달은 지구의 위성이다.
- **하지** : 24절기 중 하나. 북반구에서는 하지 때 일 년 중 낮이 가장 길고 밤이 가장 짧은 날.
- **동지** : 24절기 중 하나. 북반구에서는 동지 때 일 년 중 낮이 가장 짧고 밤이 가장 긴 날.

근데 잠깐만!
'자전'이라는 말은 무슨 뜻이라고 했더라?

민재에게 이 과학 개념을 설명해 주세요.
민재야, **'자전'**은

글을 잘 읽고 이해했는지 확인해 봅시다.

문제를 풀며 글을 한 번 더 찬찬히 읽어 보세요!

1. 글을 읽고 천동설과 지동설에 대한 설명으로 옳지 않은 것을 고르세요.

   ① 지구의 자전축이 기울어져 있기 때문에 낮과 밤이 생긴다.
   ② 옛날에는 태양이 지구 주위를 돌면서 낮과 밤이 생긴다고 생각했다.
   ③ 망원경 발명 이후 천동설에 의문을 품는 사람이 많아졌다.
   ④ 옛날 사람들은 지구가 도는 것을 느낄 수 없어서 지동설을 믿지 않았다.
   ⑤ 목성 주변의 위성을 보고 천동설이 맞지 않을 수 있다는 생각을 했다.

2. 글의 내용을 떠올리며 백야 현상이 일어나는 지역의 기호를 쓰세요.

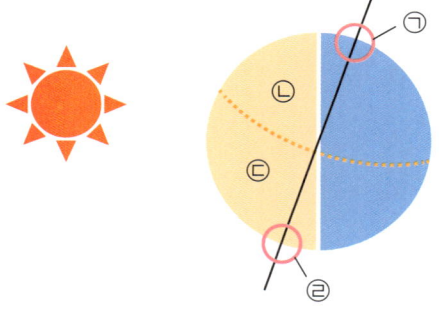

여름철 북극권에서 백야 현상이 생기는 이유를 다음 키워드를 사용해 정리해 봅시다. (자전, 자전축, 23.5)

배경지식을 쌓는 과학 이야기 24

계절이 변하는 이유는 무엇일까요?

　겨울에는 해가 창문 너머 실내 안쪽으로 길게 들어옵니다. 여름에는 해가 뜨겁긴 해도 길게 들어오지는 않아 오히려 커튼을 덜 치는데, 겨울 오후에는 눈이 부셔 커튼을 닫지요. 왜 그럴까요? 이것은 태양의 남중고도와 관련이 있습니다.

　먼저 태양 고도는 태양과 지표면이 이루는 각입니다. 태양은 온 세상에 비추는데 지표면과 이루는 각이 있다니 무슨 말일까요? 주먹을 쥐고 머리 위로 손을 쭉 뻗어 봅시다. 여기서 주먹은 태양이고, 나의 머리 윗부분은 지표면입니다. 태양이 나의 머리 위에 있을 때는 낮 12시입니다. 이를 '태양의 고도가 가장 높다'고 이야기하지요. 다시 팔을 편 채 옆으로 내려 보세요. 그럼 태양(주먹)은 머리 위에서부터 곡선을 그리며 내려옵니다. 머리 위를 비스듬히 비추게 되지요. 주먹과 머리 끝까지의 거리는 팔 길이만큼 동일하지만, 주먹과 머리 윗부분이 이루는 각이 작아지고 있습니다. 이를 '고도가 낮아졌다'고 표현합니다. 이처럼 태양의 고도는 태양이 지구에서 얼마나 높이 떴느냐를 말하는 것이 아니라 태양과 지구가 이루는 각을 나타내는 것입니다. 태양과 지구가 이루는 각을 직접 잴 수 없기 때문에 막대기를 세워 막대기와 그림자 끝이 이루는 각도로 잽니다.

　태양 고도에 따라 기온이 달라집니다. 태양의 고도가 높으면 기온이 높습니다. 손전등을 지표면에 수직으로 비추면 아주 밝은 원이 선명하게 보입니다. 태양 고도가 높을 때는 적은 면적 안에 태양 에너지가 모이기 때문에 기온이 올라갑니다. 반면 손전등을 지표면에 비스듬히 비추면 빛이 넓게 퍼지는 대신 흐려지지요. 태양 고도가 낮으면 넓은 면적 안에 태양 에너지가 흩어지기 때문에 기온이 내려가는 겁니다. 한낮에는 태양

고도가 높아서 따뜻하고, 이른 아침이나 밤에는 고도가 낮아서 쌀쌀해지지요.

태양은 계절에 따라 지표면에서 가장 높이 떴을 때의 고도가 다릅니다. 그래서 하루 중 태양이 가장 높을 때의 태양 고도를 '태양의 남중고도'라고 따로 부릅니다. 6월 중순에는 태양이 우리 머리 바로 위에 가깝게 위치해 태양의 남중고도가 일 년 중 가장 높아집니다. 하지에는 태양의 남중고도가 서울 기준 76도에 가깝지요. 하지만 12월이 되면 태양의 고도가 가장 높은 12시가 되어도 태양이 머리 위가 아니라 나의 앞에 위치할 만큼 남중고도가 낮아집니다. 동지 때 남중고도는 서울 기준 약 29도 정도이니 여름과 겨울, 계절별로 차이가 크지요? 겨울에는 태양빛이 옆에서 비스듬히 들어오기 때문에 기온은 낮아지고 그림자는 길어집니다. 그래서 겨울은 춥습니다. 많은 친구들이 여름에는 태양과 가까워져서 덥고, 겨울에는 거리가 멀어져서 춥다고 오해하기도 합니다. 하지만 태양과의 거리는 오히려 겨울이 가깝지요. 다만, 태양이 비추는 각도가 달라질 뿐입니다.

왜 태양의 남중고도가 계절별로 달라질까요? 지구는 태양 주위를 1년에 한 바퀴 돕니다. 이것을 '공전'이라고 해요. 만약 우리 지구가 반듯하게 서서 태양 주위를 돈다면 나라별로 항상 기후가 같을 겁니다. 극지방으로 갈수록 항상 빛이 비스듬하게 들어올 것이고, 적도 부근은 항상 태양의 고도가 높아 뜨거운 태양이 바로 내리쬐겠지요.

하지만, 지구의 자전축은 23.5도 기울어 있습니다. 북반구가 태양 쪽으로 기울어지면 북반구의 여러 나라들이 적도 방향으로 내려옵니다. 그러면서 북극권에 비스듬히 들어오던 태양빛이 더 수직에 가깝게 들어옵니다. 북극권도 남중고도가 높아져 극지방에 여름이 오지요. 반대로 태양빛이 바로 내리쬐던 적도는 자전축이 기울어 적도 부근을 벗어나게 됩니다. 태양빛이 비스듬히 들어오면서 적도의 기온도 선선하게 느껴지는 겨울이 되지요. 이처럼 계절이 변하는 이유는 지구의 자전축이 23.5도 기울어 1년에 한 바퀴씩 공전하기 때문입니다. 만일 기울지 않았다면 겨울 왕국, 여름 왕국처럼 계절별로 기후의 변화가 없었을 거예요.

어휘 확장 — 이 어휘를 통해 문해력이 더 깊어질 수 있어요!

- **태양 고도** : 태양과 지표면이 이루는 각.
- **남중고도** : 南中高度. 하루 중 태양의 고도가 가장 높을 때의 고도. 정남쪽을 지날 때 가장 고도가 높기 때문에 남중고도라고 한다.
- **날씨** : 매일의 비, 구름, 바람, 기온 등으로 표현되는 기상 상태.
- **기후** : 일정한 지역에서 여러 해에 걸쳐 나타난 기온, 비, 눈, 바람 등의 평균 상태.
  ❗ 하루의 기상 상태는 '날씨'라고 표현합니다.
  📌 태국은 오늘 비가 오고 날씨가 흐렸습니다. 태국은 열대 기후로 일 년 내내 매우 덥고 비가 많이 옵니다.
- **기온** : 공기 중의 온도.
- **공전** : 한 천체가 다른 천체의 주변을 주기적으로 도는 일. 지구는 태양 주변을 1년 동안 한 바퀴 돈다.
- **자전축** : 천체가 자전할 때 중심이 되는 축.
- **수직** : 직선과 직선, 혹은 평면과 직선 등이 서로 만나 직각을 이룬 상태. 햇빛이 기울지 않고 머리 위에서 내리쬘 때 빛이 수직으로 드리웠다고도 표현한다.
- **북반구** : 적도를 경계로 지구를 둘로 나누었을 때 북쪽 부분.
- **남반구** : 적도를 경계로 지구를 둘로 나누었을 때 남쪽 부분.
- **북극권** : 북극을 중심으로 하는 극지방.

근데 잠깐만! '**태양 고도**'라는 말은 무슨 뜻이라고 했더라?

민재에게 이 과학 개념을 설명해 주세요.
민재야, '**태양 고도**'은

진짜 읽기

글을 잘 읽고 이해했는지 확인해 봅시다.

문제를 풀며 글을 한 번 더 찬찬히 읽어 보세요!

1. 글을 읽고 태양의 고도가 무엇을 의미하는지 알맞은 기호를 골라 보세요.

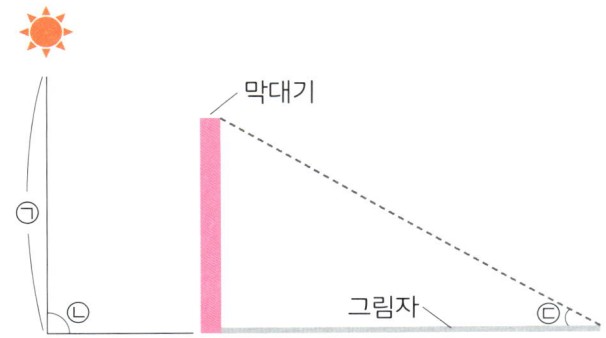

2. 다음은 태양의 고도와 날씨에 대한 친구들의 대화입니다. 올바르게 이해한 친구끼리 짝지어진 것을 고르세요.

> 지현 한낮에는 정말 덥다. 태양의 고도가 높아서 그래.
> 나리 맞아. 해가 지면 태양이 멀어져서 선선해지지.
> 태지 겨울은 태양의 남중고도가 낮아서 한낮에도 추워.
> 연희 지구가 태양 주위를 공전해서 계절마다 남중고도가 달라.

① 지현, 나리   ② 나리, 태지   ③ 태지, 연희
④ 나리, 연희   ⑤ 지현, 태지

봄, 여름, 가을, 겨울 등 계절이 변하는 이유는 무엇인지 한 줄로 정리하여 봅시다.

_____

코페르니쿠스적 전환이 무엇일까요?

 '코페르니쿠스적 전환'이라는 말을 들어 봤나요? 사람들이 믿어 왔던 신념이나 이론을 뒤엎고 새로운 관점을 제시하는 혁신적인 사고의 전환을 뜻합니다. 코페르니쿠스는 16세기 폴란드 천문학자로, 당시 대다수의 사람들이 믿었던 지구 중심설 대신에 다른 이론을 주장한 학자예요. 코페르니쿠스의 주장이 무엇이기에 혁신적인 사고의 대표가 되었을까요?

 고대 그리스 시대부터 중세까지 약 1500년 동안 사람들은 우주의 중심이 지구라고 생각했습니다. 이 지구 중심설은 지구를 중심으로 태양이나 다른 별들이 움직인다고 생각해 '천동설'이라고도 불렸습니다. 천동설은 13세기 이탈리아의 작가 단테의 『신곡』에도 등장해요. 주인공 단테가 지옥과 연옥, 천국을 여행하는데 지구를 중심으로 둘러싼 10개의 하늘을 통과하며 가장 높은 곳에 있는 신을 만날 수 있었지요. 이것은 당시 사람들이 믿었던 지구 중심설을 그대로 보여 줍니다. 지구를 중심으로 여러 겹의 하늘이 있고, 행성들이 움직이고 있다고 생각했거든요. 특히 천동설은 종교 측면에서도 당연하게 믿어졌습니다. 신이 만든 특별한 존재인 인간이 지구에 살고 있으니 당연히 지구가 우주의 중심이라고 생각했어요.

 지구 중심설을 당연하게 받아들였던 세상에서 코페르니쿠스는 태양 중심설을 주장합니다. 태양을 중심으로 여러 행성이 돌고 있고, 지구도 태양 주위를 돌고 있다는 지동설을 주장했어요. 당연히 사람들은 믿지 않았습니다. 땅이 움직인다는 것을 느낄 수 없는 데다가 종교적인 이유로도 지구가 중심이라고 믿었으니까요. 약 100년 후 갈릴레오 갈

더 깊은 배경지식이 궁금하다면?

릴레이가 망원경으로 별의 움직임을 직접 관찰한 후 지동설을 다시 주장하면서 코페르니쿠스의 지동설도 주목을 받았습니다. 물론 1500년간 믿어 온 천동설이 한 번에 뒤집힌 것은 아니고 이후로도 500여 년간 갈릴레이나 케플러 같은 과학자들이 증거를 찾으며 지동설을 믿는 사람들이 천천히 많아졌답니다. 코페르니쿠스의 생각은 새 시대의 천문학적 이론을 키워 낸 씨앗이 된 셈이에요.

어떤 친구들은 지동설 덕분에 지구가 둥글다는 것이 알려진 게 아니냐고 물어봅니다. 특히 콜럼버스가 아메리카 대륙을 발견한 덕분에 지구가 둥글다는 것을 깨달았다고 생각하는 친구들도 많습니다. 실제 그런 오해가 담긴 기록도 있었어요. 그러나 콜럼버스가 항해를 할 즈음에는 대부분의 사람들이 지구가 둥글다고 생각했답니다. 오래 전 단테의 『신곡』에서도 이미 둥근 지구가 배경으로 등장했을 정도니까요. 다만 콜롬버스의 항해가 대단한 이유는 당시의 항해 기술을 생각했을 때, 서쪽으로 계속 항해하면 음식이나 물을 보급 받을 수 없어 감히 도전하기 어려웠던 긴 항해를 성공해냈기 때문입니다. 그러니 지동설과 지구가 둥글다는 이론은 서로 별개로 봐야 합니다. 지구가 둥글다는 것은 이미 많이 믿고 있었지만, 지구를 중심으로 하늘이 움직이는가, 태양을 중심으로 지구가 움직이는가의 견해가 달랐던 것이지요.

정답지

배경지식을 쌓는 과학 이야기 01
햇빛은 무슨 색일까요?

1. ②
   뉴턴의 실험에서 프리즘을 통과한 햇빛이 무지개 빛으로 보였지만, 무지개빛 중 하나를 다시 프리즘에 통과시키면 색이 변하지 않았습니다.
2. 직진.
   빛은 직진합니다. 공연장에서 레이저빔으로 화려한 쇼를 만드는 장면을 통해 곧게 나아가는 빛을 관찰할 수 있습니다. 곧게 나아가는 빛을 가로막으면 그림자가 생깁니다.

배경지식을 쌓는 과학 이야기 02
돋보기는 왜 크게 보일까요?
빛의 굴절 이야기

1. 빛의 굴절.
   빛이 한 물질에서 다른 물질로 나아갈 때 그 경계에서 방향을 바꾸는 현상을 말합니다.
2. ⑤ 주원, 지유, 정아.
   주원, 지유, 정아의 설명이 옳습니다. 시력 교정용 안경은 오목 렌즈를 사용합니다. 볼록 렌즈로 멀리 있는 물체를 보면 작고 뒤집혀서 보입니다.

배경지식을 쌓는 과학 이야기 03
토끼와 거북이 이야기에서 더 빠른 이는 누굴까요?

1. ②
   ① 같은 거리를 이동한 시간이 짧을수록 빠릅니다. ③ 동시에 출발해 같은 거리를 먼저 도착한 사람이 빠릅니다. ④ 100m를 18초에 뛰는 사람보다 15초에 뛰는 사람이 빠릅니다.
2. ④
   속력은 단위 시간 동안 이동한 거리를 뜻하며, 이동 거리/단위 시간으로 표현합니다.

배경지식을 쌓는 과학 이야기 04
전구에 불을 켜는 힘은 어디에서 왔을까요?

1. ③
   전지 두 개를 다른 극끼리 일렬로 연결하는 것을 직렬 연결이라고 합니다. 전지를 직렬 연결하면 전구의 밝기는 더 밝아집니다. 하지만 전지 두 개를 같은 극끼리 병렬로 연결하면 전구의 밝기는 전지 한 개만 연결했을 때와 동일합니다.
2. ④
   전지의 양극과 전구의 양극이 연결되어 있으면 전기가 흐르며 전구에 불이 켜집니다. 이러한 회로를 닫힌 회로라고 합니다.

배경지식을 쌓는 과학 이야기 05
전기로 자석을 만들어요

1. 주원, 연지, 주환.
   전자석에 연결된 전류가 세어질수록 자석의 힘도 강해집니다. 폐차장의 고철을 운반하는 기중기에도 전자석이 쓰일 정도로 강하게 만들 수 있답니다.
2. ㉠ 전류의 세기로 조절, ㉡ 전류 방향 변경으로 극 변경 가능

배경지식을 쌓는 과학 이야기 06
열은 어떻게 이동할까요?

1. 대류.
   뜨거워진 물은 위로 올라가고, 차가운 물은 아래로 내려오면서 주전자 안의 물 전체가 따뜻해집니다.
2. 민영, 순례.
   하윤이와 도하는 대류 방식으로 열이 이동하는 사례를 말하고 있습니다.

배경지식을 쌓는 과학 이야기 07
개울가에서 금을 캔다고요?

1. ㉠ 두 가지 ㉡ 분리 ㉢ 크기
   크기가 다른 알갱이가 섞인 곡식을 분리할 때는 체를 사용하기도 합니다. 혼합물에 있는 각 성분의 특성을 파악해 필요한 성분만 분리할 수 있습니다.
2. ④
   ④는 증발을 이용해 소금을 분리하는 사례입니다. 나머지는 여과 방식으로 혼합물을 분리하고 있습니다.

배경지식을 쌓는 과학 이야기 08
탄산음료 한 캔에 각설탕 6개가 녹아 있어요

1. (ㄱ) 균일 혼합물 (ㄴ) 불균일 혼합물 (ㄷ) 용액
   혼합물 중에서 고르게 섞인 것을 균일 혼합물, 고르지 않게 섞인 것을 불균일 혼합물이라고 합니다. 균일 혼합물 중 액체로 된 것을 용액이라 부릅니다.
2. ⑤
   (ㄷ)은 균일 혼합물 중 액체로 된 물질로 용액을 말합니다. 우유나 비빔밥, 흙탕물은 고르게 섞여 있지 않습니다. 공기는 기체로 되어 있어 용액이라 할 수 없습니다.

배경지식을 쌓는 과학 이야기 09
물 때문에 콜레라에 걸린다고요?

1. ②
   먹는 물이나 씻는 데 쓰는 맑은 물을 상수라고 합니다. 강의 상류에서 끌어온 물을 여러 차례 정수하여 깨끗하게 사용합니다.
2. 여과.
   거름종이나 여과기를 사용해 액체 속에 들어 있는 입자를 걸러 내는 일을 여과라고 합니다. 물을 깨끗하게 정수하기 위해 여과합니다.

배경지식을 쌓는 과학 이야기 10
회에 레몬즙을 뿌리는 이유는 뭘까요?
산성과 염기성

1. 레몬즙, 김치, 식초, 요거트, 커피, 콜라, 위액, 구연산, 비.
   물은 중성, 나머지 물질은 염기성입니다.
2. 지아.
   염기성 물질은 붉은 리트머스 종이를 푸르게 만듭니다.

배경지식을 쌓는 과학 이야기 11
최초의 불은 어떻게 발견했을까요?

1. ②
   물질이 연소하기 위해서는 산소, 발화점 이상의 온도, 탈 물질이 모두 필요합니다.
2. ④
   불이 난 곳에 차가운 물을 뿌리면 온도가 낮아져 불이 꺼집니다. 나머지는 산소를 차단하여 불을 끄는 방법입니다.

배경지식을 쌓는 과학 이야기 12
산불도 폭우도 지구 온난화 때문이라고요?

1. ⑤
   온실 기체는 지구의 기온을 보존해 주는 역할도 합니다. 그러나 그 양이 지나치게 많아지면서 평균 기온이 오르는 것이 문제인 것이므로, 자연에서 흡수할 수 있는 만큼만 온실 기체를 배출하는 탄소 중립을 해야 합니다.
2. =
   탄소 중립 캠페인은 탄소 배출량은 줄이고 흡수량은 늘려 배출량과 흡수량을 같게 만들자는 캠페인입니다.

배경지식을 쌓는 과학 이야기 13
바른 자세는 불편해요. 꼭 해야 할까요?

1. ②
   성인의 뼈는 약 206개, 갓 태어난 신생아의 뼈는 약 270개로 크면서 뼈와 뼈가 합쳐집니다.
2. 리나, 인정, 유정, 상일.
   근육이 커지는 것은 각각의 근섬유가 두꺼워지는 것입니다. 운동을 열심히 하고 단백질이 풍부한 음식을 먹으면 근섬유에 단백질이 결합되어 두꺼워집니다.

배경지식을 쌓는 과학 이야기 14
장염에 걸렸어요! 장염은 무슨 병이에요?

1. ③
   간과 이자는 음식물이 직접 통과하지 않습니다. 구토를 심하게 할 때 나오는 시큼한 노란 액체는 담즙입니다. 작은창자는 큰창자보다 굵기가 얇고 길이는 깁니다. 대장균은 대장에 있을 때는 소화를 돕는 유익한 균이지만, 일부 변종은 몸 밖에서 질병을 일으킵니다.
2. 각 소화 기관이 하는 일을 다시 한 번 살펴봅시다.

배경지식을 쌓는 과학 이야기 15
운동을 하다가 하품이 나오는 이유는 뭘까요?

1. ㄴ ㄱ ㄹ ㅁ ㄷ
   공기가 들어오는 순서대로 나열합니다.
2. 심장과 혈액을 우리 몸의 순환 기관이라고 합니다.

149

배경지식을 쌓는 과학 이야기 16
소변 검사로 무엇을 알 수 있을까요?

1. ① X ② X ③ O
   혈액 속의 노폐물을 걸러 내는 기관을 배설 기관이라고 하며, 소변과 관련 있습니다. 음료에서 수분을 흡수하고 남은 액체가 아니라 혈액 속의 노폐물입니다.

2. ㉠ ㉢ ㉤ ㉣ ㉡
   혈액은 신장을 통과하며 노폐물이 걸러지고 오줌관, 방광 순서대로 이동했다가 일정량이 쌓이면 요도를 따라 몸 밖으로 나갑니다.

배경지식을 쌓는 과학 이야기 17
식물은 영양분을 어떻게 구할까요?

1. ③, ⑤
   식물의 잎에서 만들어진 양분은 체관을 따라 이동합니다. 식충 식물도 광합성을 통해 양분을 만들기 때문에 곤충을 먹이로 주지 않아도 살 수 있답니다.

2. ㉠ 이산화탄소 ㉡ 물 ㉢ 포도당
   동물이 먹이를 먹어서 양분을 섭취하는 것과 달리 식물은 스스로 양분을 만들어 낼 수 있습니다.

배경지식을 쌓는 과학 이야기 18
머리를 때리면 정말 머리가 나빠질까요?

1. ②, ③
   세포벽의 두께는 세포가 하는 역할에 따라 다를 수 있습니다. 식물 세포에만 있는 것은 세포벽입니다. 세포막은 동물 세포에도 있습니다. 세포는 각자 맡은 역할을 하며 우리 몸에 있는 세포는 270여 종입니다.

2. 주원.
   한번 늘어난 지방 세포의 개수는 줄어들지 않기 때문에 건강한 식습관으로 비만이 되지 않도록 노력해야 합니다.

배경지식을 쌓는 과학 이야기 19
층층이 쌓이면 모두 지층인가요?

1. ②
   한자리에 오래 두면 퇴적물들이 굳을 수 있습니다. 단단한 운동장 바닥처럼요. 하지만 퇴적암은 단순히 굳어진 것이 아니라, 아주 오랜 시간 동안 큰 힘을 받아 다져지고 그 안에서 접착 물질이 나올 정도로 엉긴 것을 말합니다.

2. 단층.
   지층이 어떻게 힘을 받았느냐에 따라 단층의 모양이 달라질 수 있습니다.

배경지식을 쌓는 과학 이야기 20
화석은 어떻게 만들어졌을까요?

1. ②, ③
   뼈 자체가 화석이 아닌, 화석화가 진행되어야 화석입니다. 산 위에서 산호 화석이 발견된 것으로 보아 해당 지역이 과거 바다였을 거라고 추측하는 것이 자연스럽습니다. 산에서 사는 생물이 바다에서 살게 되었다고 추론한다면 왜 그런 급격한 변화가 일어났는가도 설명할 수 있어야 합니다. 화석 연료는 화석으로 만들 수 있는 것이 아닙니다.

2. ⓜⓒⓖⓝⓡ

두 번째 문단을 다시 읽어 보며 흔적 화석이 만들어지는 과정을 순서대로 나열해 봅시다.

배경지식을 쌓는 과학 이야기 21
미래 에너지의 해결책을 찾아보아요

1. 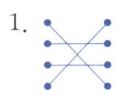 비슷해 보이지만 다른 의미를 가지고 있고 그에 따른 에너지의 분류도 달라지기 때문에, 정확한 개념을 알아두는 것이 필요합니다.

2. 태양열 발전, 풍력 발전, 폐기물 에너지, 지열 발전, 태양광 발전, 바이오매스, 수력 발전, 해양 에너지

배경지식을 쌓는 과학 이야기 22
"나 오늘 저기압이야."라는 말은 무슨 의미일까요?

1. ②, ③

고기압에서는 찬 공기가 아래로 내려오면서 온도가 올라가 물방울이 수증기로 증발해 오히려 맑습니다. 일정 기준이 아니라 주변보다 높으면 고기압입니다.

2. → (바다에서 모래사장 쪽 화살표)

낮에는 모래사장에 저기압이, 바다에는 고기압이 형성됩니다. 그래서 바다에서 모래사장으로 바람이 부는 해풍이 붑니다.

배경지식을 쌓는 과학 이야기 23
해가 지지 않는 나라가 있다고요?

1. ㉠

지구가 자전하기 때문에 낮과 밤이 생깁니다. 나아가, 자전축이 기울어진 채로 자전하기 때문에 낮과 밤의 길이가 계절에 따라 달라집니다.

2. ㉣

여름철에 ㉣에 해당하는 극지방에서는 지구가 자전하는 내내 태양을 보게 되므로 백야 현상이 생깁니다. 반대로 ㉠에 해당하는 극지방은 지구가 자전하는 내내 태양을 보지 않게 되므로 극야 현상이 생깁니다.

배경지식을 쌓는 과학 이야기 24
계절이 변하는 이유는 무엇일까요?

1. ㉢

태양의 고도는 태양과 지표면이 이루는 각을 말합니다. 하지만 태양이 거대해서 ㉡은 항상 수직인 것처럼 보이기 때문에 막대의 그림자를 이용해 간접적으로 잽니다. 그림자가 길게 생기면 태양의 고도가 낮고, 그림자가 짧게 생기면 태양의 고도가 높다고 표현합니다.

2. ⑤

해가 지는 것은 태양이 멀어지는 것이 아니라 태양의 고도가 낮아지는 것입니다. 또한 지구가 기울지 않았다면 태양의 고도가 지역별로 항상 같아 해가 비스듬하게 들어오는 나라, 수직으로 들어오는 나라가 정해져 있겠지만 자전축을 중심으로 기울어 공전하기 때문에 계절별로 남중고도가 달라집니다.